Klett Lektürehilfen

Arno Geiger

Unter der
Drachenwand

Interpretationshilfe für Oberstufe und Abitur

von
Elisabeth Kaltenbach

Klett Lerntraining

Elisabeth Kaltenbach, langjährige Gymnasiallehrerin für Deutsch und Englisch, Studiendirektorin an einem Weiterbildungskolleg in Düsseldorf.

Die Textzitate folgen der Ausgabe: Arno Geiger: Unter der Drachenwand. 2. Aufl. München: Deutscher Taschenbuch Verlag, 2019.

Bibliografische Information der Deutschen Nationalbibliothek
Die Deutsche Nationalbibliothek verzeichnet diese Publikation in der Deutschen Nationalbibliografie; detaillierte bibliografische Daten sind im Internet über http://dnb.dnb.de abrufbar.

Dieses Werk folgt der reformierten Rechtschreibung und Zeichensetzung. Ausnahmen bilden Texte, bei denen künstlerische, philologische oder lizenzrechtliche Gründe einer Änderung entgegenstehen.

1. Auflage 2021

© PONS GmbH, Stöckachstraße 11, 70190 Stuttgart 2021
Alle Rechte vorbehalten.
www.klett-lerntraing.de
kundenservice@klett-lerntrainting.de
Umschlagfoto: dpa Picture-Alliance, Frankfurt/M. (Hendrik Schmidt)
Satz: DOPPELPUNKT, Stuttgart
Druck: Plump Druck & Medien GmbH, Rheinbreitbach
Printed in Germany
ISBN 978-3-12-923169-2

1 Inhaltsangabe und erste Deutungsaspekte

2 Analyse und Interpretation

3 Schnellcheck

4 Prüfungsaufgaben und Lösungen

① Inhaltsangabe und erste Deutungsaspekte

Historischer Hintergrund

KURZINFO

Nationalsozialismus und Zweiter Weltkrieg – Wichtige Daten

- 30.1.1933 ‚Machtübernahme': Adolf Hitler wird zum Reichskanzler ernannt.
- 23.3.1933 Das ‚Ermächtigungsgesetz zur Behebung der Not von Volk und Staat' wird unter irregulären Bedingungen vom Parlament verabschiedet. Es bedeutet faktisch die Ausschaltung des Parlaments und der Weimarer Verfassung und bildet die Grundlage der NS-Diktatur.
- In den kommenden Jahren wird diese ausgebaut und im Sinne der ‚Gleichschaltung' gefestigt, z.B. durch Auflösung aller Parteien außer der NSDAP, Zerschlagung der Gewerkschaften und von Interessenverbänden, Übernahme der wichtigsten Positionen in Rundfunk und Presse. Dazu kommen Propaganda und Terror.
- Gleichzeitig betreibt der NS-Staat von Anfang an eine sich steigernde Vertreibungs- und Vernichtungspolitik gegen die jüdische Bevölkerung.
- Außenpolitisch verbündet sich Hitler mit dem italienischen Diktator Mussolini und mit Japan im ‚Antikominternpakt' (zur Bekämpfung des Kommunismus); innerhalb der NS-Führungskreise lässt er keinen Zweifel an seinem Willen zum Expansionskrieg.
- 12.3.1938 ‚Anschluss': Deutsche Truppen marschieren unter dem Jubel eines Großteils der Bevölkerung in Österreich ein.
- 9.11.1938 In der ‚Reichspogromnacht' eskaliert die anti-jüdische Politik im neuen ‚Großdeutschen Reich' in gewalttätigen Ausschreitungen: Synagogen brennen, jüdische Geschäfte werden geplündert und zerstört, viele Juden getötet oder verhaftet und in Konzentrationslager gebracht.
- 15.3.1939 Unter Missachtung voriger Abkommen mit den Westmächten und ohne deren Gegenwehr marschieren deutsche Truppen in die Tschechoslowakei ein und errichten das ‚Protektorat Böhmen und Mähren'.
- 1.9.1939 Der Überfall auf Polen markiert den Beginn des Zweiten Weltkriegs. Zwei Tage später erklären England und Frankreich Deutschland den Krieg, eröffnen aber keine Front im Westen.
- 1939–1941 ‚Blitzkriege': Hitler-Deutschland besetzt Polen, Dänemark und Norwegen, einen großen Teil Frankreichs und die Benelux-Staaten, Griechenland und Jugoslawien. Die Eroberung Großbritanniens gelingt – trotz massiver Luftangriffe auf englische Städte – jedoch nicht.
- 22.6.1941 Der Angriff auf die Sowjetunion beginnt. In den ersten Monaten erreicht die Wehrmacht beträchtliche Geländegewinne, u.a. fast die gesamte Ukraine; die Einnahme Moskaus gelingt jedoch nicht. Hohe Verluste,

Probleme mit dem Nachschub und der Wintereinbruch zwingen die Wehrmacht zur vorläufigen Einstellung der Kampfhandlungen.

- 11.12.1941 Die USA treten nach dem Angriff japanischer Streitkräfte auf den US-Flottenstützpunkt Pearl Harbor in den Krieg ein, der nun endgültig zu einem Weltkrieg geworden ist.
- 31.1.–2.2.1943 Die Kapitulation der 6. Armee nach monatelangem Kampf in der Industriestadt Stalingrad gilt seit jeher als militärischer wie psychologischer Wendepunkt des Krieges an der Ostfront. Die Wehrmacht wird mehr und mehr von der Roten Armee zurückgedrängt.
- 18.2.1943 Noch einmal versucht Propagandaminister Joseph Goebbels in seiner berühmt-berüchtigten Sportpalast-Rede die Moral der Bevölkerung und den Glauben an den Sieg anzuheizen („Wollt ihr den totalen Krieg?").
- 6.6.1944 D-Day: Beginn der Landung der Alliierten an der Atlantikküste in der Normandie; ebenfalls im Juni beginnt die Offensive der Roten Armee im Osten, die zur militärischen Niederlage der Wehrmacht in Weißrussland führt.
- 16.4.1945 Der Kampf um Berlin beginnt, mit riesigen Verlusten in der Zivilbevölkerung in einem zweiwöchigen Häuserkampf.
- 30.4.1945 Hitler erschießt sich im Bunker seiner Reichskanzlei.
- 7.–9.5.1945 Die Unterzeichnung der bedingungslosen Kapitulation Deutschlands beendet den Zweiten Weltkrieg in Europa.

Die Situation in Österreich und Ungarn 1938–1945

Seit dem sogenannten ‚Anschluss' 1938 war Österreich unter dem Namen ‚Ostmark' ein Teil des ‚Großdeutschen Reiches' geworden und wurde in Windeseile umgestaltet: Staats- und Regierungsorgane, Polizei und Armee wurden von den deutschen Besatzern übernommen und der auch in Österreich schon immer vorhandene Antisemitismus explodierte in einer Welle von Gewalt, Vertreibungen und Enteignungen jüdischer Bürger. Die bedingungslose Wehrpflicht wurde eingeführt, im Krieg leisteten etwa 1,25 Millionen Österreicher Kriegsdienst in der Wehrmacht oder Waffen-SS, von denen etwa 247 000 fielen oder vermisst wurden.

Bis 1943 wurde Österreich von den Luftangriffen der Alliierten verschont, woraufhin die deutsche Rüstungsindustrie große Teile ihrer Produktion dorthin verlegte. Dies hatte dann allerdings zur Folge, dass die britische und amerikanische Luftwaffe ab Ende 1943 zunehmend

Rüstungs-, Industrieanlagen und Verkehrsknotenpunkte bombardierte und zerstörte, vor allem in den Gegenden von Wien, Linz und Steyr. Gegen Ende des Krieges folgten auch Luftangriffe auf zivile Ziele, z. B. Wien und andere größere Städte, wodurch zahlreiche Gebäude beschädigt oder zerstört wurden und etwa 25 000 österreichische Zivilpersonen starben. Vernichtende Flächenbombardements wie in den deutschen Städten, u. a. Hamburg, Darmstadt und Dresden, gab es in Österreich allerdings nicht.

Ungarn wurde nach dem Ende der österreichisch-ungarischen Monarchie als Ergebnis des Ersten Weltkriegs in den zwanziger und dreißiger Jahren von dem ehemaligen Admiral Horthy autokratisch regiert. Der Wunsch Horthys und vieler national gesinnter Ungarn, durch den Ersten Weltkrieg verlorene Territorien zurückzugewinnen, führte zu einer Annäherung an Hitlers NS-Regime; Ungarn wurde schließlich auch dessen Verbündeter im Zweiten Weltkrieg. Nach schweren Verlusten im Kampf gegen die Rote Armee und der sich abzeichnenden Niederlage Deutschlands versuchte Horthy Ungarn in die Neutralität zu führen. Daraufhin wurde das Land 1944 von deutschen Truppen auf deren Rückzug besetzt. Horthy wurde gestürzt und die Macht an die faschistischen Pfeilkreuzler übergeben.

Horthy war bekennender Antisemit, doch schon vor dem Krieg gab es radikale Judengesetze, die die Juden aus dem wirtschaftlichen und gesellschaftlichen Leben drängten. Auch kam es im Krieg vereinzelt zu Massakern und Deportationen. Die systematische Deportation ungarischer Juden in Vernichtungslager begann 1944 mit der Besetzung durch die deutsche Armee. Nur kurz stoppte Horthy auf massiven ausländischen Druck die Transporte. Nach der Machtübergabe an die Pfeilkreuzler wurden der Terror und die Transporte in Arbeits- und Vernichtungslager wieder aufgenommen. Insgesamt kamen etwa 600 000 ungarische Juden ums Leben.

Die Entstehungsgeschichte des Romans
Unter der Drachenwand

In mehreren Gesprächen hat Arno Geiger selbst erläutert, was den Anstoß zu seinem 2018 erschienenen Roman gegeben hat. Auf einem Flohmarkt in Wien erwarb er, eher zufällig, einen Stapel Briefe, in denen es um die Korrespondenz zwischen Kindern, Eltern und Behörden während der ‚Kinderlandverschickung' zwischen Wien und Mondsee ging. Im Rahmen dieser Kinderlandverschickung wurden im Zweiten Weltkrieg Schülerinnen und Schüler aus vom Luftkrieg bedrohten deutschen Städten in weniger gefährdeten Gegenden auf dem Land untergebracht. Aus dem Zufallsfund entwickelte sich Geigers Romanidee, gewissermaßen im Originalton der Zeit über die letzte Phase des Zweiten Weltkriegs zu erzählen – und zwar nicht von der Front, sondern aus dem Alltag:

> „Ich dachte, es könnte lohnenswert sein, vom Krieg abseits der Schlachtfelder zu erzählen, von einem Krieg, der auch im Hinterland allgegenwärtig ist und längst in jeden Winkel des Privaten eingedrungen ist." (Exklusivinterview mit Arno Geiger, dtv Verlagsgesellschaft mbH & Co. KG, 2019, S. 2)

Der Autor wollte zudem nicht retrospektiv, d.h. rückblickend und mit dem Wissen von heute von der damaligen Zeit erzählen, sondern – so weit als möglich – unmittelbar in das Innere der Personen mit deren begrenztem Wissen über Fortgang und Dauer des Krieges und ihren akuten Gedanken und Gefühlen hineinblicken. Er las daher noch weitere, zahlreiche private Original-Dokumente (Briefe, Tagebücher) aus dieser Zeit. Aus dieser Grundidee versteht sich, dass die im Roman erwähnten Schauplätze und Zeitereignisse nicht fiktiv sind.

Erzählabschnitte und Handlungsverlauf

Mehrperspektivität des Erzählvorgangs

- Als Folge der Verwendung historischen Quellenmaterials weist der Roman eine ungewöhnliche Handlungsstruktur auf: Er besteht zum überwiegenden Teil (25 ungefähr gleich lange Erzählabschnitte) aus den Tagebuchnotizen des jungen Soldaten Veit Kolbe im Zweiten Weltkrieg, dreimal unterbrochen von jeweils aufeinanderfolgenden Briefen dreier zusätzlicher Figuren, so dass sich insgesamt einschließlich Nachbemerkungen 35 Erzählabschnitte ergeben.
- Da diese Abschnitte jeweils auf einer neuen Seite beginnen und Überschriften tragen, werden sie im Folgenden als Kapitel bezeichnet.
- Zwei der weiteren erzählenden Figuren – eine ältere Frau in Darmstadt (Lore Neff) und ein junger Mann aus Wien (Kurt Ritler) – sind indirekt mit der Geschichte Veits verbunden, während die dritte Figur – der jüdische Zahntechniker Oskar Meyer – auf den ersten Blick keine Verbindung zur Hauptfigur hat.
- So entsteht ein Kontinuum von verschiedenen Erzählstimmen, die meist eine zeitliche Simultaneität, wenn auch aus unterschiedlichen Perspektiven, aufweisen. Zur leichteren Orientierung werden in der folgenden Inhaltsangabe die Erzählabschnitte zusammengefasst. Auf S. 134 f. der voliegenden Lektürehilfe findet sich eine schematische Übersicht, die eine zeitliche und örtliche Einordnung der Geschehnisse insgesamt ermöglicht.

Seite 7–84 (Veit)

1. Kapitel: „Im Himmel, ganz oben" (7–21)

Der Roman beginnt im November 1943: Der deutsche Wehrmachtssoldat Veit Kolbe beschreibt am Anfang seiner Aufzeichnungen, wie er im Russland-Feldzug in der Nähe des Flusses Dnjepr durch mehrere Granatsplitter verwundet wird. Neben einer Verletzung in der Wange (die sich später als Kieferbruch herausstellt) und einem Steckschuss im Oberschenkel hat er eine stark blutende Wunde unterhalb des rechten Schlüsselbeins. Aufgrund der Schwere der Verletzungen wird Veit zunächst zur Erstversorgung zum Hauptverbandplatz hinter die Kampflinie, zwei Tage später in einem LKW zum nächstgelegenen Bahnhof und dann in einem Lazarettzug in mehreren Tagen über Prag in ein deutsches Lazarett im Saarland gebracht. Trotz seiner Schmerzen und der katastrophalen Zustände am Hauptverbandplatz und vor allem im Zug inmitten der zahlreichen, zum Teil schwer

Veit Kolbe wird an der Front verwundet

Er wird in ein saarländisches Lazarett transportiert

Verwundeten überwiegt bei Veit ein Gefühl der Erleichterung, überlebt zu haben und das Kriegsgebiet zu verlassen: „Immerhin bin ich kein schwerer Fall. Außerdem geht es westwärts. Die Schmerzen westwärts sind auszuhalten." (10) Das Lazarett im Saarland, früher ein Kinderheim, kommt ihm mit seiner Sauberkeit und guten medizinischen Versorgung „wie der Himmel" (11) vor.

Veits Lazarettaufenthalt im Saarland

Im Folgenden schildert Veit detailliert seinen Aufenthalt im Lazarett, seine Behandlung und Versorgung, aber auch Erinnerungen an seine vier Jahre im Krieg als LKW-Fahrer und Mechaniker, die von immer neuen Widrigkeiten und fehlender Anerkennung geprägt waren. Seine Desillusionierung mit der politischen und militärischen Führung wird deutlich, als er die Zigaretten-Zuteilung durch den ‚Führer' Adolf Hitler, den er in seinen gesamten Aufzeichnungen immer mit „F." bezeichnet, verschenkt und auch das Verwundetenabzeichen so schnell wie möglich ablegt. Durch einen Mitverwundeten, einen Hauptmann, erfährt er zudem von Grausamkeiten, die die deutsche Wehrmacht auch an Zivilisten, z. B. in Warschau, verübte.

Veits Entlassung in seine Heimatstadt Wien

Als dieser Hauptmann aufgrund seiner schweren Verwundungen fast stirbt, verstärkt dies Veits Wunsch, so schnell wie möglich aus dem Lazarett nach Hause entlassen zu werden. Seinem Antrag wird stattgegeben, allerdings verzögert sich seine Abreise, da das Lazarett plötzlich einigen „Bonzen" (19) als Vorzeigelazarett vorgeführt werden muss und sich entsprechend alle eigentlich wichtigen Abläufe verzögern. Endlich gelangt Veit dann mit dem Zug über Frankfurt, München und Salzburg nach Wien, seine Heimatstadt, und macht sich auf den Weg zu seinem Elternhaus.

2. Kapitel: „Seit meinem letzten Aufenthalt" (22–31)

Zurück bei seinen Eltern in Wien muss Veit bald feststellen, dass zwar all seine auf der Rückreise erträumten Wünsche (z. B. in einem richtigen Bett zu schlafen, Kaffee aus einer Tasse zu trinken) erfüllt werden, er sich aber trotzdem äußerst unwohl und fremd fühlt. Dies liegt vor allem an dem gestörten Verhältnis zu seinem Vater, einem überzeugten Nationalsozialisten und Hit-

Gestörtes Verhältnis zum Vater

ler-Bewunderer, der den kriegserfahrenen und daher völlig desillusionierten Sohn mit seinen patriotischen und klischeehaften Parolen wütend macht: „Papa gab mir gute Ratschläge, alles hirnverbrannte Ideen, über die ich eine Wut bekam" (22); „[...] sein Geschwätz ging mir auf die Nerven." (23) Veit ist wie gelähmt, oft liegt er in seinem Zimmer, trauert der verlorenen Zeit und dem nicht ermöglichten Studium an der Technischen Universität nach.

Veit fühlt sich fremd zu Hause, ist desillusioniert

Nur zu seiner jung verstorbenen Schwester Hilde scheint er eine sehr intensive Beziehung gehabt zu haben, immer wieder kommen schmerzliche Erinnerungen an sie hoch. Er legt Rosen auf ihr Grab. Umso stärker werden ihm dann seine eigene Passivität und sein Selbstmitleid bewusst: „Hilde konnte leben und musste sterben. Ich, der ich leben darf, weiß damit nichts anzufangen." (25)

Schmerzliche Erinnerungen an die tote Schwester

Auch seine Gänge durch die Stadt (erschwert durch seine Verletzungen) oder gar seine Besuche bei Verwandten bringen keinerlei Vertrautheit oder Wohlgefühl zurück – im Gegenteil: „Wenn man fürs Sammeln von Phrasen Geld bekäme, wäre Wien die Goldene Stadt" (26). Der einzige Lichtblick für ihn ist die Bewilligung eines mehrmonatigen Genesungsurlaubs durch das Wehrbezirkskommando.

Zu Hause spitzt sich der Konflikt mit dem Vater immer mehr zu: Veits desaströse Kriegserfahrungen kollidieren mit den propagandistischen Ausführungen seines Vaters, so dass er sich – gegen seine guten Vorsätze – nicht zurückhalten kann und diesem ins Gesicht sagt, dass er „das Glück der weltgeschichtlichen Zeit, das Papa seinen Kindern seit Jahren verkünde, [...] gründlich ausgekostet und jetzt genug von dem Irrsinn" (28) habe.

Ständige Konflikte mit dem Vater

Ein Ausweg ergibt sich für Veit, als die Familie eine Weihnachtskarte vom älteren Bruder seines Vaters erhält, der Postenkommandant in Mondsee am gleichnamigen See ist. Veit beschließt, den Genesungsurlaub bei diesem Onkel Johann auf dem Land zu verbringen, was auch genehmigt wird. Am Neujahrstag verlässt er, trotz des schlechten Gewissens, seine traurige Mutter zurückzulassen, fast fluchtartig Wien mit dem Zug.

3. Kapitel: „Eine halbe Fahrstunde von Salzburg" (32–48)

Veit erreicht Mondsee an dem von mehreren Bergen, u.a. der Drachenwand, überragten Ufer des gleichnamigen Sees. Am Bahnhof holt ihn seine Quartierfrau mit der Kutsche ab und bringt ihn bei eisiger Kälte zu ihrem Haus, wo er in einem Zimmer unter dem Dach seine Unterkunft haben wird. Das Zimmer erweist sich als äußerst primitiv, spärlich möbliert, der Ofen ist völlig unzulänglich, die Matratze im wackligen Bett stinkt unangenehm. Fließendes Wasser gibt es nur auf dem Flur, das Klosett befindet sich draußen neben dem Schweinestall. In seiner ersten Nacht leidet Veit an der Kälte und an plötzlich auftauchenden Kriegserinnerungen.

Am nächsten Morgen besichtigt er den Ort, der ihm insgesamt gut gefällt und sogar einige hübsche Gebäude aufweist – für Veit ein „Ort der Verheißung. Nicht abgelegen und doch einsam, kein Bauernnest, aber klein genug und abseits der Heeresstraßen." (35 f.) Er besucht seinen Onkel, den Kommandanten der Gendarmerie, einen inzwischen gealterten, gesundheitlich angeschlagenen Kettenraucher, dem er Wein und Zigaretten aus Wien mitgebracht hat. Der Onkel fragt ihn nach der Familie und auch nach seinen Erfahrungen in Russland, beendet aber sofort dieses Thema, als Veit kritische Bemerkungen über die deutsche Kriegsführung machen will. Immerhin wird Veit nicht, wie von seinem Vater, mit patriotischen Propagandasprüchen gemaßregelt, sondern eher mit wohlgemeinten Ratschlägen entlassen: „Man müsse hinaus, frische Luft stärke die Moral." (39)

Zurück in seinem Zimmer erleidet Veit zum ersten Mal seit seiner Rückkehr von der Front eine Angstattacke, während der Erinnerungen an schreckliche Kriegserlebnisse auf ihn einstürzen: „Bruchstücke der Vergangenheit fielen auf mich herunter und begruben mich, es war, als müsse ich ersticken." (Ebd.) Schweißausbrüche und Atemnot lassen ihn nach draußen flüchten, wo er sich dadurch ablenkt, dass er sein Zimmer wohnlicher zu gestalten beginnt.

Nun schreibt Veit von einer Zimmernachbarin, eine so-genannte „Reichsdeutsche" aus Darmstadt (vgl. 41), die mit ihrem Baby ebenfalls im Haus einquartiert ist. Die kurze Beschreibung ist in die übrigen Aufzeichnungen eingefügt, in Kursivschrift gedruckt und im Präsens for-muliert. Dadurch wird sie bewusst aus dem Kontext her-vorgehoben, bevor Veit mit seinem Bericht fortfährt. Nachdem er der Darmstädterin mehrmals behilflich ist, da sie mit dem Kind kurzfristig ihren Mann vor dem Fronteinsatz besuchen kann, kümmert er sich um büro-kratische Erledigungen (Anmeldungen, Bezugsscheine) und Einkäufe von Vorräten. Seine Verletzungen, vor al-lem der Oberschenkel, machen ihm weiter zu schaffen, ebenso die Unwirtlichkeit seiner Behausung: „Ein gutes Allgemeinbefinden war jedenfalls etwas anderes." (43)

Nebenan wohnt eine junge Frau mit einem Baby

Da er ein Großteil seines Soldes und die Frontzulagen gespart und außerdem die Fürsprache seines Onkels hat, kann Veit auf eigene Kosten einen besseren Ofen bestel-len und auch beim Tischler ein neues Bett in Auftrag geben. Somit sind alle äußeren Notwendigkeiten erle-digt und er muss sich nun überlegen, wie er die nächste Zeit füllen kann: „Jetzt war ich vom Schicksal zu Müßig-gang verurteilt und machte Spaziergänge." (45)

Veit verbessert die Ausstattung seines Zimmers

Immer wieder wandert er zum See, vom Krieg sind nur die regelmäßig die Alpen überfliegenden amerikani-schen Geschwader zu bemerken. An einem dieser Tage geht er eine zu weite Strecke, sein Bein beginnt zu schmerzen und er kehrt für eine Pause in den Gasthof Drachenwand in St. Lorenz ein. Dort nimmt er ein über-teuertes Essen zu sich, fühlt sich aber nicht wohl, da ihn das Gerede eines ihn ansprechenden Bauers an seinen Vater erinnert.

Spaziergänge am See

In St. Lorenz, wo er auf den Zug zurück nach Mondsee wartet, trifft Veit auf eine gerade angekommene Gruppe junger Mädchen, Schülerinnen aus Wien, die zufällig aus demselben Gemeindebezirk wie er stammen. Sie werden von ortsansässigen Jungen mit Handkarren ab-geholt: „Sie zogen nach Schwarzindien, hinunter an den See." (48) Dies ist zu diesem Zeitpunkt ein Lager im Rah-men der sogenannten „Kinderlandverschickung".

Schülerinnen aus Wien für das Lager Schwarzindien kommen an

4. Kapitel: „Während der neue Ofen" (49–59)

Veits Wohlbefin-
den nimmt zu

Veits Situation verbessert sich: Er bekommt den neuen Ofen, kann jetzt Wasser und Essen erwärmen. Auch sein Gesundheitszustand macht Fortschritte: Er nimmt zu, sein verkrampfter Muskelapparat lockert sich allmählich, allerdings fällt es ihm weiterhin schwer, sich zu konzentrieren. „Und doch war das Schlimmste überstanden, ich spürte, dass ich wieder zum Leben erwachte." (50) Nach einem kurzen Dankesbesuch beim Ortsgruppenleiter, einem strammen Nationalsozialisten, geht Veit erneut zu seinem Onkel, der ihm die Geschichte seiner gescheiterten Ehe erzählt und dann mit ihm zu einem Spaziergang hinausgeht.

Die Lehrerin
weist Veits
Annäherung ab

Sie begegnen der Lehrerin der kinderlandverschickten Mädchen aus Wien. Veit versucht mit ihr ins Gespräch zu kommen, aber sie bleibt distanziert und geht gegenüber dem Onkel lieber auf Heizprobleme im Lager ein. Als der Onkel sich verabschieden muss, sucht Veit erneut das Gespräch mit der Lehrerin, bittet sie sogar, sie auf dem Weg zurück zum Lager begleiten zu dürfen. Offensichtlich widerwillig lässt sie es zu, nennt auch ihren Namen (Grete Bildstein), aber es kommt zu keinem tiefergehenden Gespräch zwischen ihnen. Schließlich erhöht sie sogar ihr Tempo, so dass Veit ihr kaum folgen kann. Es bleibt bei oberflächlichem Kontakt, was Veit gleichwohl genießt: „Wir redeten nur noch über Alltägliches, es tat mir dennoch gut, ein bisschen herauszukommen aus meinem Mief." (55)

Veit im Gespräch
mit den Mädchen

In Schwarzindien begegnen beide den Gymnastik treibenden Mädchen, die – offensichtlich froh über jede Abwechslung – auf Veit zustürzen und ihn über seine Verwundung und seine Kriegserfahrungen ausfragen: „Die Kinder zappelten vor Erregung. Die Anwesenheit eines Soldaten war hochinteressant." (57) Als es allen zu kalt wird, schickt die Lehrerin die Mädchen ins Haus und verabschiedet sich kurz und frostig von Veit.

Zu Hause trifft er auf die Darmstädterin, die gerade zwei Briefe bekommen hat. Er reflektiert darüber, was er aus Gesprächen mit ihr bis jetzt über sie und ihr Kind erfahren hat – und auch darüber, was sie aufgrund der dünnen Wand zwischen ihren Zimmern voneinander mitbekommen: seine Selbstgespräche und ihr Weinen.

5. Kapitel: „Nach einem zweitägigen kurzen Antäuschen" (60– 71)

Es bleibt kalt, viele Menschen im Ort sind erkältet, die Quartierfrau erweist sich als immer unfreundlicher und unwilliger gegenüber ihren Mietern. Die Darmstädterin weiß zu berichten, dass die Frau überall unbeliebt ist und selbst mit ihrem Bruder, „Brasilianer" genannt, der als Gärtner im gegenüberliegenden Gewächshaus arbeitet, kein einziges Wort mehr wechselt.

Die unfreundliche Quartierfrau

Veit fühlt sich weiterhin deprimiert und unruhig, macht einen Spaziergang nach Schwarzindien, wo die Lehrerin, als sie ihn sieht, demonstrativ das Fenster schließt. Am nächsten Tag geht er aber nochmals hin, es ist wohl der 30. Januar, der Tag der sogenannten „Machtergreifung" Hitlers, von Veit in Anklang an NS-Propaganda (ironisch) „Tag der nationalen Erhebung" (62) genannt, der im Deutschen Reich, so auch in Schwarzindien, mit Beflaggung gefeiert wird. Einige der Mädchen vertreiben sich die Zeit draußen.

Veit besucht erneut Schwarzindien

Dieses Mal tritt auch die Lehrerin heraus, zwischen ihr und Veit bleibt es aber weiterhin beim Austausch von oberflächlichen Bemerkungen: „Nicht für eine Sekunde gelang es mir, den Abstand zwischen der Lehrerin und mir zu überbrücken." (63) Es scheint so, als habe Veit sich verliebt, suche vielleicht sogar eine Beziehung mit ihr, allerdings wehrt die Frau alle Annäherungsversuche, zum Teil auch kränkend, ab, so dass er schließlich resigniert: „Und spätestens jetzt war mir klar, es hat keinen Zweck, hier etwas forcieren zu wollen, diese Peinlichkeit sollte ich mir ersparen." (Ebd.)

Er findet keinen Zugang zur Lehrerin

Veit ist beeindruckt von einem der Mädchen, Annemarie (genannt Nanni) Schaller, das ihm besonders aufgeweckt und selbstbewusst erscheint. Nanni erzählt ihm strahlend, dass sie zu Ostern mit ihrem Cousin Kurt die Drachenwand besteigen wolle. Als Veit nach Hause geht, schließt er endgültig mit seinen Wünschen in Bezug auf die Lehrerin ab. In seinem Zimmer erleidet er erneut

Er lernt das Mädchen Nanni kennen

Veits Panikattacken

eine seiner offensichtlich immer wiederkehrenden Panikattacken, die ihn nach draußen stürzen lässt. Er wird von Bildern aus dem Krieg gequält, deren überwältigende, angsteinflößende Kraft ihm erst jetzt richtig bewusst wird: „[…] es war, als sei alles in meinem Körper gespeichert, als gebe es Dinge, von denen man sich nie ganz erholt, selbst wenn man wieder zum Alltag zurückgekehrt scheint." (65)

Auch in der Nacht wird Veit von Kriegsbildern in Form von Albträumen heimgesucht und er wacht schweißgebadet auf. Als er aufsteht und ans Fenster tritt, hört er eigenartige Gitarrenmusik. Da er spürt, dass er nicht mehr schlafen kann, folgt er dem Klang der Musik zum Gewächshaus. Dort trifft er den Gärtner mit seinem Hund – der Mann ist ein „Brasilienheimkehrer" (68) und züchtet als Einziger im gesamten Landstrich Orchideen, die er ständig mit dem Einheizen des Ofens vor dem Erfrieren bewahren muss. Die Gitarrenmusik des brasilianischen Komponisten Villa Lobos (gemeint ist Heitor Villa-Lobos, 1887–1959), die Unterhaltung mit dem Gärtner, dessen schwärmerische Berichte über Brasilien und die Wärme im Gewächshaus bewirken bei Veit ein Wohlgefühl, das ihn schließlich sogar einschlafen lässt. Erst gegen Morgen kehrt er in sein Zimmer zurück.

Veit verbringt eine Nacht im Gewächshaus mit dem Brasilianer

6. Kapitel: „In der Früh ertrug ich" (72–84)

Am nächsten Morgen kann Veit der Quartierfrau nicht aus dem Weg gehen, die ihn mit dem neuesten Ortstratsch versorgt. Der Onkel braucht einen Schreiber, u. a. um einen Bericht über einen Kriegsgefangenen zu verfassen, der eine Bauerntochter geschwängert hat, aber Veit versagt schon beim Einspannen der Bögen – für ihn selbst ein Zeichen, „wie ich nach fünf Jahren Militär geistig verkommen war" (73). Seine Mutter teilt ihm in einem Brief mit, dass seine Habseligkeiten von der Front zurückgeschickt wurden, allerdings fehle das eine oder andere. Vor allem der Verlust der Füllfeder ärgert ihn, da er viel schreibt.

Veits Verletzungen machen ihm noch zu schaffen

Veits Verletzungen machen ihm immer noch zu schaffen, so dass er einen Arzt im Krankenrevier des Ortes Vöcklabruck aufsucht, der ihn allerdings gar nicht richtig untersucht. Veit vermeidet es, in eine Fleischerei zu gehen, da er das Fleisch und den Blutgeruch nicht mehr ertragen kann. Einkäufe lässt er immer mehr die Darmstädterin machen (auch mit seinen Essensmarken), die für ihn kocht und mit der er gemeinsam isst. Sie freut sich über den Kontakt mit ihm und bietet ihm an, für ihn zu waschen und zu putzen, was er aber ablehnt: „Ich sagte, Waschen und Putzen seien unter dem wenigen Vernünftigen, das ich beim Militär gelernt hatte." (75)

Veit erträgt den Geruch von Blut nicht mehr

Derweil entwickelt sich das Kind der jungen Frau sehr gut. Die Mädchen aus Schwarzindien, die an Samstagen „Dorffreizeit" (ebd.) haben, scheinen ihren Aufenthalt und die gewährte Freizeit noch zu genießen. Zum Brasilianer baut Veit nach und nach eine engere Beziehung auf und verbringt viel Zeit, vor allem nachts, bei ihm im Gewächshaus, wo er sich die – wenn auch etwas verwirrenden – Erzählungen des Gärtners über sein Leben in Brasilien anhört. Der Brasilianer bezeichnet seine Rückkehr nach Österreich als Fehler und kritisiert sowohl die Verhältnisse im Land als auch die Arbeit, die er verrichten muss.

Veits Beziehung zum Brasilianer wird enger

Im Laufe des Monats beginnt es zu schneien, Veit muss an die mit den Widrigkeiten des Wetters kämpfenden Soldaten im Osten denken. Auf einem seiner Spaziergänge begegnet er wieder der Lehrerin Bildstein, die sich im Gespräch über die Arbeitsmenge beklagt, die sie zu bewältigen hat. Dabei bereiten ihr die Mädchen keine Sorgen – bis auf eine, die Veit bereits bekannte Nanni Schaller, die wohl in einem angeblich recht intimen Briefwechsel mit ihrem Cousin Kurt steht. Missbilligend äußert die Lehrerin, die also offensichtlich die ankommenden Briefe an die Mädchen liest, Nanni habe sich „von Kurt ausgreifen lassen" (79). Veit hat den Eindruck, dass die Lehrerin ihn versöhnlicher stimmen möchte, realisiert aber, dass eine nähere Beziehung nicht möglich sein wird: „Ich bin ja nicht so verrückt, dass ich mein Herz an eine Frau hänge, die mich nicht mag. Verlorene Kilometer." (80)

Die Lehrerin äußert sich missbilligend über Nanni und Kurt

Am nächsten Tag gibt es, während Veit auf dem Weg in den Ort zum Bäcker ist, Vollalarm, in der Ferne sind die

Geräusche eines Luftkampfes zu hören. Zusammen mit anderen Menschen, die sich am Ufer des Mondsees versammelt haben, beobachtet er zwei Geschwader amerikanischer Kampfflugzeuge, von denen das zweite von deutschen Kampffliegern attackiert worden und bereits dezimiert ist. Offensichtlich zum ersten Mal direkt mit den Kampfhandlungen des Krieges konfrontiert, verfolgen die Zuschauer geschockt, wie zwei amerikanische Bomber nacheinander abgeschossen werden und die Piloten mit dem Fallschirm abspringen. Zwölf Stunden später kann ein weiteres amerikanisches Geschwader ungehindert sein Ziel, ein Kugellager im Ort Steyr, erreichen.

Amerikanische Bomber überfliegen den Ort

Der Tag darauf ist der 26. Februar, Veits 24. Geburtstag, den er allein und unbemerkt in seinem Zimmer bzw. auf seinem Bett verbringt, „mit einem mehrfach untergrabenen Selbstgefühl" (83), da ihm sein Wunsch nach einem Hochschulstudium für immer unerfüllbar erscheint. Wie so oft in für ihn schwierigen Situationen erinnert er sich an einzelne Erlebnisse mit seiner an einer Lungenkrankheit verstorbenen älteren Schwester Hilde, was ihn zu trösten scheint: „Und dann rieb ich mir lächelnd das Gesicht oder lehnte mich zurück mit dem Gedanken, dass ich selbst noch am Leben war, immerhin." (83 f.)

Veit verbringt seinen Geburtstag allein, denkt an seine verstorbene Schwester Hilde

Seite 85–96 (Lore Neff)

7. Kapitel: „Am Freitag wurden in Darmstadt"

An dieser Stelle werden Veits Aufzeichnungen zum ersten Mal von einer anderen Erzählstimme abgelöst: Es handelt sich, wie sich bald herausstellt, um Lore Neff, die Mutter von Veits Zimmernachbarin Margot, die in der Heimatstadt Darmstadt zurückgeblieben ist und nun regelmäßig Briefe an ihre mit dem Baby nach Mondsee verschickte Tochter schreibt. In dem langen, mehrfach unterbrochenen und wieder fortgesetzten Brief bietet sich ein vollkommen anderes Szenario: Man erfährt nun, wie es der Zivilbevölkerung in den größeren Städten im vorletzten Kriegsjahr unter den Luftangriffen der Alliierten ergeht.

Margots Mutter schreibt ihrer Tochter aus Darmstadt

Der Brief der Mutter hat keine bestimmte Ordnung, ist eher eine Aneinanderreihung und ständige Mischung von persönlichen Befindlichkeiten, Informationen über andere Familienmitglieder und Verwandte oder Bekannte, Ermahnungen und Fragen nach Margots Situation und Schilderungen konkreter Kriegshandlungen und ihrer Folgen.

Was die persönliche Situation betrifft, verschlechtert sich die Lage der Bewohner Darmstadts zunehmend: Dinge des täglichen Lebens, wie Futter für Tiere oder Material für Reparaturen, werden knapp, ebenso Tabak (worunter die Mutter besonders leidet) und Bier. Vor allem die ständigen Fliegeralarme, die die Bewohner in die Schutzkeller flüchten lassen, zerren an den Nerven, obwohl sich die Bombenabwürfe zunächst noch auf Frankfurt zu konzentrieren scheinen, das – nach Schilderung der Mutter – inzwischen fast komplett zerstört ist: „Es ist ein Trümmerhaufen von Stadt, man kann die riesigen Schutthaufen gar nicht fortbringen, unter manchen liegen noch die Hausbewohner, es ist furchtbar." (87) Aber auch in Darmstadt sind schon Einschläge zu verzeichnen.

In Bezug auf die eigenen Familienangehörigen zeigt sich, dass ihr Ehemann, Margots Vater, weiter an der Westfront in Frankreich und offensichtlich pessimistisch ist, was den Ausgang des Krieges angeht. Die jüngere Tochter Bettine, 16 Jahre alt, ist im Rahmen des Arbeitsdienstes nach Berlin geschickt worden und dort als Schaffnerin bei der Straßenbahn tätig. Die Mutter macht sich große Sorgen um das Mädchen, hauptsächlich fürchtet sie, dass Bettine sich mit Männern einlassen könnte. In diesem Zusammenhang schimmert auch eine gewisse Missbilligung über Margots überstürzte Heirat und Schwangerschaft durch – gleichwohl bittet die Mutter sie immer wieder um weitere Briefe, die ihre vielen Fragen beantworten. Auch wünscht sie sich, dass Margot mit dem Kind wenigstens für ein paar Tage zu ihr nach Darmstadt kommen möge. Das Verhältnis der beiden Frauen scheint nicht immer ungetrübt gewesen zu sein: „Und verzeih mir, dass ich dich einige Male angefaucht habe, du kennst mich, es war nicht böse gemeint." (91)

Frau Neff berichtet über die Situation in Darmstadt

Margots Vater ist an der Westfront, die jüngere Schwester in Berlin

Lore Neff ist traurig, dass die Familie nicht zusammen sein kann

Das nahe Osterfest macht der Mutter schmerzlich deutlich, wie verstreut die Familie kriegsbedingt inzwischen ist und wie einsam sie sich fühlt, wobei es ihr scheinbar unverdient noch am besten geht: „Ich schäme mich jeden Abend, wenn ich in mein weiches Bett krieche." (92)

Seite 97–110 (Kurt Ritler)

8. Kapitel: „Susi hat mich bei der Straßenbahn"

Der verliebte Kurt schreibt aus Wien einen Brief an Nanni in Mondsee

Die zweite neue Erzählstimme ist ein langer Brief des jungen Kurt Ritler an seine Cousine Nanni Schaller in Schwarzindien. Sein mal jugendlich-schwärmerischer, mal locker-witziger Tonfall steht im Gegensatz zu den moralisch wertenden und kritischen Äußerungen der Lehrerin Bildstein. In dem Brief wechseln sich Erinnerungen an den Abschied der beiden, an schöne gemeinsame Erlebnisse mit Berichten über die persönliche Situation Kurts in Wien und Kommentaren und Nachfragen zu Nannis Situation in Schwarzindien ab, worüber er offensichtlich durch Briefe Nannis genau Bescheid weiß. So erfahren die Leser z. B. auch indirekt vom Alltag der Mädchen im Lager, der hauptsächlich durch Drill und Disziplin, aber auch Langeweile gekennzeichnet ist. In diesem Zusammenhang bittet Kurt, Nanni möge ihrer Mutter in Wien nicht weiter solch kritische und klagende Briefe schreiben, da diese – ohnehin durch unwürdige Akkordarbeit in einer Fabrik und mangelnde Essensrationen geschwächt und deprimiert – sich große Sorgen um ihre Tochter mache.

Auch in Wien sind bereits Auswirkungen des Krieges zu spüren

Neben den Schilderungen von Kurts eigener Situation (ständiger Streit mit seiner jüngeren Schwester Susi und den Eltern) erfährt man darüber hinaus einiges über die Lage in Wien und die Entwicklung des Krieges. Kurts älterer Bruder Erhard kommt auf Fronturlaub, wenig mitteilsam und desillusioniert, „er sagt, er wolle jetzt nur noch unbeschadet aus der Sache herauskommen" (102). Es ist ein Erlass an die Friseure ergangen, dass auch junge Mädchen eine einheitliche Haarlänge haben müssen, was Kurt ausgesprochen sarkastisch kommentiert: „So lange die geniale deutsche Reichsregierung solche Ideen hat, ist Deutschland nicht verloren." (Ebd.) Aber die angeordnete strenge Verdunklung in der Stadt, neue

Brandschutzbestimmungen und ein plötzlich auftauchender feindlicher Flieger machen deutlich, dass der Krieg näher rückt. Später ist von ersten Bomberüberflügen, einem Aufenthalt im Luftschutzkeller und Blutspenden die Rede. Nebenbei erwähnt Kurt auch, dass ein gemeinsamer Bekannter in Russland gefallen und eine ihnen ebenfalls bekannte Nachbarin im Gefängnis ist. Als der ältere Bruder Erhard wieder an die Ostfront muss, reagiert dieser heftig und wütend auf jegliche, halb-scherzhafte Bemerkung der Familie.

Der Krieg rückt immer näher

Den größten Raum nimmt in diesem Brief aber immer noch die Hinwendung zu Nanni ein. Immer wieder drückt Kurt seine Verliebtheit und Sehnsucht nach ihr aus und klagt darüber, schon länger nichts von ihr gehört zu haben (was auf Schwierigkeiten in der Postzustellung schließen lassen könnte). Er schmiedet vor allem Pläne für seinen bevorstehenden Besuch in Mondsee zu Ostern, von dem Nanni bereits Veit erzählt hatte. Kurts Eltern, die der Nähe ihres Sohnes zu Nanni sehr kritisch gegenüberstehen, haben den Besuch nur unter Bedingungen genehmigt: Kurt darf kein „mangelhaft" im Zeugnis haben und nur in Begleitung des älteren Freundes Ferdl nach Mondsee fahren.

Kurt freut sich auf einen Besuch bei Nanni in Mondsee zu Ostern

Am Ende spitzt sich die Lage allerdings zu: Kurts Eltern verbieten ihm – wahrscheinlich auch auf den Hinweis der Lehrerin Bildstein hin, die ja die Post liest – den weiteren Kontakt zu Nanni, sein Vater schlägt ihn sogar nach Kurts wütenden Entgegnungen, was aber bei dem Jungen keinerlei Wirkung zeigt: Er schreibt an Nanni, dass er zu Ostern nach Mondsee kommen wird, „und wenn ich mit dem Fahrrad fahren muss" (109). Die beiden Verliebten haben beschlossen, sich von nun an postlagernd in Mondsee bzw. an die Adresse eines Freundes in Wien zu schreiben.

Kurts Eltern verbieten den Kontakt zu Nanni

Seite 111–128 (Oskar Meyer)

9. Kapitel: „Wie's mir geht?"

Die dritte neue Stimme gehört dem jüdischen Zahntechniker Oskar Meyer in Wien, der einen Brief an seine Cousine Jeannette schreibt, die offenbar bereits ausge-

In einem Brief an seine Cousine schildert Oskar Meyer die dramatische Situation der Juden in Wien

wandert ist. Hier wird also wiederum eine neue Perspektive hinzugefügt: Der Leser erhält ein sehr eindrucksvolles Bild, wie sich die Lage der jüdischen Gemeinde in Wien nach dem ‚Anschluss' Österreichs an das Deutsche Reich rasant und drastisch verschlechtert. Denn Oskars Aufzeichnungen beginnen mit dem Jahr 1939 und umfassen daher einen größeren Zeitrahmen als die der anderen drei Stimmen, die zeitlich nahezu parallel sind.

Die ersten Sätze des Briefes sind bereits wegweisend: „Wie's mir geht? Das darf man eigentlich nicht fragen, in jeder Hinsicht elend." (111) Im Folgenden wird anhand der von Oskar geschilderten Erlebnisse die durch die nationalsozialistische Gesetzgebung bewirkte völlige wirtschaftliche und gesellschaftliche Ausgrenzung der Juden deutlich: Alle jüdischen Männer erhalten in ihren Dokumenten als zweiten Namen Israel, alle Frauen Sara. Die Familie Meyer wird aus ihrer Wohnung vertrieben, die Möbel werden weit unter Wert versteigert. Oskar, seine Frau Wally und der jüngere Sohn Georg („Georgili") müssen in ein sogenanntes „Judenhaus" umziehen, in dem sie unter immer unmenschlicheren Bedingungen auf engstem Raum mit anderen Juden und „Illegalen" (114) leben.

Verzweiflung angesichts von Hunger und antijüdischen Attacken

Da das durch den Verkauf ihrer Besitztümer erworbene Geld nach und nach schwindet, leiden sie Hunger und sind auf die Unterstützung der jüdischen Kultusgemeinde angewiesen, die ihren Mitgliedern eine Art Armenspeisung und einen geringen monatlichen Geldbetrag gibt. Bestimmte Stadtbezirke und Tätigkeiten (Fahrradfahren, Sportveranstaltungen besuchen) sind den Juden verboten. Die Verzweiflung der Familie steigt, Wally ist mal zornig, dann apathisch und antriebslos, Oskar ist ängstlich und hilflos: „Du weißt, mir fehlt es vom Charakter her ohnehin an Initiative und Risikobereitschaft, bin also ziemlich überfordert." (120) Dazu kommt, dass er auf der Straße von Uniformierten angespuckt und auch von Nichtjuden mit den fadenscheinigsten Begründungen angepöbelt und schikaniert wird (vgl. ebd.).

Überhaupt tritt der Antisemitismus in der Wiener Bevölkerung jetzt deutlich zutage. Die Frau, die seine Wohnung übernimmt, wird von Oskar als „Hexe" (112) bezeichnet, die sofort mit dem „Ausräuchern" (ebd.) der Wohnung beginnt – ein mehr als deutlicher Hinweis, dass sie die jüdischen Bürger als eine Art Ungeziefer betrachtet. Die Nachbarn sind uninteressiert bis offen zufrieden über das Schicksal ihrer langjährigen Mitbewohner. Ein ehemaliger Arbeitskollege zeigt keinerlei Solidarität und Hilfsbereitschaft, z. B. beim Erlangen von wichtigen Dokumenten: „Er war unangenehm berührt und sagte, er mische sich da nicht ein." (120)

Die ganze Zeit beschäftigen sich Oskar und Wally auch mit der Frage: Das Land verlassen oder nicht? Einige ihrer Verwandten und Bekannten sind wohl schon ausgereist und warnen vor einer weiteren Verschlimmerung der Lage in Deutschland und einem drohenden Krieg. Der ältere Sohn der Meyers, Bernhard („Bernili") ist bereits in Großbritannien in Sicherheit gebracht, das sich bereit erklärt hatte, 10 000 Kinder aus Deutschland aufzunehmen. Auch Oskar bemüht sich immer wieder um eine Ausreisegenehmigung – offenkundig in die USA, wohin der größte Teil der Juden flüchtet. Aber dies wird durch unendliche bürokratische Hürden und Vorschriften erschwert.

Oskar und seine Frau können sich nicht zur Ausreise entschließen

Es gibt auch eine Art innere Barriere bei Oskar und Wally: Eigentlich wollen sie Wien gar nicht verlassen, sie betrachten es mit Recht als ihre Heimat: „Wally sagt, wir wollen dort wohnen, wo wir zu Hause sind." (117) Eine Zeitlang reden sie sich die Situation sogar schön: „Wenn so viele weggehen, wird das diejenigen, die gegen uns sind, besänftigen." (118) Vor allem Wally besteht darauf, in Wien zu bleiben (vgl. 119).

Ihrer beider Unentschlossenheit, ihre Ängste, aber auch ihr Starrsinn verhindern schließlich, dass sie eine rettende Gelegenheit zur Ausreise wahrnehmen: Oskar bekommt eine Stelle als Zahntechniker in Accra, der Hauptstadt von „Goldküste" in Westafrika (einem Teil des heutigen Ghana) angeboten – mit vielen Vergünstigungen für die ganze Familie. Dies wäre sicher im Nach-

Sie lehnen das Angebot ab, nach Afrika zu gehen

hinein die Rettung für die Meyers, die das Angebot wegen des für sie nicht verträglichen Tropenklimas in dem Land ablehnen. Später wird die Ausreise nicht mehr möglich sein, ebenso nicht in die USA, die alle Flüchtlingsquoten sperren.

Extreme Verschärfung der Situation für die jüdische Bevölkerung

Nach dem Eintritt der USA in den Krieg im Jahr 1941 verschärft sich die Situation noch weiter: Oskar berichtet, dass nun alle, die „falschen Blutes" (123) sind, öffentlich den gelben Stern tragen müssen; Juden ist nun jegliche Ausreise untersagt. Als sich ankündigt, dass die Männer sich in Arbeitskleidung in Sammellagern einfinden sollen, und Oskar miterlebt, dass immer mehr jüdische Mitbürger verschwinden bzw. deportiert werden, entschließen sich Oskar und Wally endlich zur illegalen Ausreise mit Fluchthelfern nach Ungarn, wo sie Verwandte haben: „Nach Budapest zu meinem Bruder, der in einem Elendsquartier wohnt? Besser als ein Leben in ständiger Angst." (125)

Schließlich gelingt Oskar und Wally die Flucht nach Budapest

Unter großen Schwierigkeiten und nicht zuletzt durch die großzügige finanzielle Hilfe des Onkels Monath, den sie allein im Altersheim zurücklassen müssen, gelingt den Dreien schließlich auf abenteuerlichen Wegen mit Fluchthelfern der Übertritt über die Grenze nach Ungarn.

Seite 129–229 (Veit)

10. Kapitel: „Den ganzen Tag Schneegestöber" (129–146)

Die Fortsetzung von Veits Aufzeichnungen, zeitlich einzuordnen im März 1944, bildet wiederum einen Kontrast zum zuvor Geschilderten: Das Leben im winterlichen Mondsee geht seinen gewohnten Gang. Lediglich der Brief eines ehemaligen Kameraden Veits von einem aussichtslosen Fronteinsatz bringt den Krieg für kurze Zeit in Veits Gedächtnis zurück und lässt ihn „mit mulmigem Gefühl" (129) antworten – vielleicht aus schlechtem Gewissen, selbst in Sicherheit zu sein. Auch der Briefkontakt mit seiner Familie in Wien beschränkt sich auf Oberflächlichkeiten; wichtig ist ihm lediglich, dass zum Geburtstag seiner verstorbenen Schwester Hilde deren Grab schön geschmückt ist.

Veit ist in Mondsee weit weg vom Krieg

Dafür verbessert sich der Kontakt zu seiner Nachbarin Margot, die er noch „Darmstädterin" nennt, weiter: Er stellt ihr seine Höhensonne für den wunden Po ihres Kleinkindes zur Verfügung (nicht ohne später dafür einen höheren Strompreis an seine habgierige Vermieterin zahlen zu müssen). Sie schaut sich in seinem sorgfältig aufgeräumten und sauberen Zimmer um, als sie ihm zum Dank erst Geld und dann ein Abendessen anbietet, was er aber beides ablehnt und somit noch eine gewisse Distanz wahrt.

Veits Kontakt zu seiner Nachbarin und zum Brasilianer intensiviert sich

Auch sein Kontakt zum Brasilianer wird immer intensiver, er besucht ihn häufig in dessen Gewächshaus. Nicht unwichtig ist für Veit dabei, dass der Mann sich unangepasst gibt: Es gefällt dem Jüngeren, „mit jemandem zu verkehren, an dem der Hebel der Gleichschaltung nicht umgelegt war" (133). So äußert der Brasilianer offen Kritik an dem Drill, dem die Mädchen im Lager Schwarzindien unterliegen, und vor allem auch an Hitler, den er für einen verbrecherischen Betrüger hält (vgl. ebd.). Lediglich das ständige Klagen des Brasilianers über seine Situation in diesem Land und die Schwärmereien von seiner Wahlheimat Brasilien gehen Veit auf die Nerven, und er versucht das Thema zu wechseln. Aber immer wieder kommt der Ältere auf seine teils drastischen Urteile über die politische Lage, die Unterstützer der Nazis – wie sein Schwager und seine Schwester – und auch Hitler persönlich zurück, die er „Kloakenbrüder" und „Kellermenschen" (135) nennt. Der erschrockene Veit bittet ihn, vorsichtiger zu sein, was aber den Brasilianer eher dazu bringt, von Veit mehr Mut und Freiheit des Denkens zu fordern.

Der Brasilianer äußert offen seine Kritik an den Nationalsozialisten

Den Gegenpol zum Brasilianer bildet dessen eigene Schwester, die Quartierfrau, die sich immer wieder als linientreue Nationalsozialistin gibt, die öffentlichen Heldengedenktage mitfeiert und die vorgegebenen Begrifflichkeiten so sehr verinnerlicht hat, dass sogar der ansonsten zurückhaltende Veit zum Widerspruch angeregt wird:

Die Quartierfrau ist eine überzeugte Anhängerin des NS-Systems

> „Ob ich die Existenz der Volksgemeinschaft in Zweifel ziehen wolle, fragte die Quartierfrau empört. Ich erwiderte, leider sei mir die Volksgemeinschaft noch nie begegnet, nur immer

Menschen, die in ihrem Namen redeten, vorzugsweise im eigenen Interesse." (137)

Wieder einmal begibt sich Veit auf eine längere Wanderung am See, die er zunächst zwar genießt, die ihm aber dann umso stärker seine Einsamkeit und Traurigkeit über den Verlust seiner durch den Krieg gestohlenen Jugend und optimistischen Zukunftsperspektiven fühlen lässt. Hier überfällt ihn dann auch eine besonders starke Panikattacke, Bilder und Erinnerungen aus dem Krieg lassen ihn in einen „kalten Schacht" (139) stürzen: „Die Anflutung war extrem, schlimmer als je zuvor, ich schnappte nach Luft, einmal vornübergebeugt, dann mich streckend." (Ebd.)

Ein inzwischen hinzugekommenes Mädchen aus dem Lager Schwarzindien, das er später als Annemarie Schaller wiedererkennt, hilft ihm mit beruhigenden Worten und nimmt seine Hand. Fast ein wenig altklug gibt sie ihm Ratschläge („Traubenzucker beruhigt", 141) und erklärt schließlich, dass sie allein unterwegs sei, weil sie keine Freundin mehr habe. Als ihr klar wird, dass Veit um ihre Schwierigkeiten wegen des liebevollen Briefaustausches mit ihrem Cousin weiß, und als er eher oberflächlich äußert, Verliebtsein sei doch etwas Schönes, fasst sie Vertrauen und zeigt ihm einen Brief ihrer Mutter. Diese macht ihr darin die größten Vorwürfe und informiert sie über die Kontaktsperre mit Kurt. In der Hoffnung auf Veits Hilfe bittet das Mädchen ihn, ihrer Mutter das zu schreiben, was er ihr zuvor gesagt hat. Damit – und auch mit Annemaries wiederholter, eindringlicher Bitte – kann Veit nicht umgehen und zieht sich mit einer lahm klingenden Entschuldigung aus der Affäre (vgl. 143). Die enttäuschte Annemarie geht abrupt davon, nachdem sie den Brief weggeworfen hat.

Aufgeregt wegen des Anfalls und wohl auch des Gefühls, Annemarie gegenüber nicht richtig gehandelt zu haben, schreibt Veit zu Hause seine Aufzeichnungen, und zwar (auch durch Kursivdruck verdeutlicht) den Inhalt des Briefes von Annemaries Mutter an ihre Tochter. Unklar bleibt, ob es die wörtlichen oder sinngemäßen Äußerungen der Mutter sind.

Nanni hilft Veit bei einer Panikattacke, bittet ihn um Hilfe gegenüber ihrer strengen Mutter

Veit verweigert ihr jedoch die Fürsprache

Er macht sich Vorwürfe in Anbetracht des harschen Briefes von Nannis Mutter

Erst jetzt wird das volle Ausmaß der Vorwürfe und An- | Die Vorwürfe von Nannis Mutter

Erst jetzt wird das volle Ausmaß der Vorwürfe und Anschuldigungen deutlich: Annemarie habe sich die eigene Zukunft verbaut, sei nicht anständig, habe kein Schamgefühl, sei zu offen mit ihren Gefühlen umgegangen. Gleichzeitig bedauert die Frau es, ihre Tochter nicht strenger erzogen, gezüchtigt zu haben und dass sie nun die Scham ertragen muss, als die „Mutter von dem Schweiniglkind" (146) bezeichnet zu werden. Der Brief schließt mit dem Befehl an Annemarie, sich von jetzt an besonders gut zu benehmen, und der Ankündigung, dass sie andernfalls direkt in eine Erziehungsanstalt käme.

11. Kapitel: „Der März war ungewöhnlich" (147–162)

Im April 1944, kurz vor Ostern, setzt in Mondsee der Frühling ein. Veits Oberschenkelverletzung ist so gut wie ausgeheilt, gegen seine Panikattacken gibt ihm der behandelnde Arzt das Mittel Pervitin, ein Aufputschmittel zur Bekämpfung von Angstzuständen, Müdigkeit und Hunger und zur Euphorisierung, das aufgrund starker Nebenwirkungen umstritten war, gleichwohl im Zweiten Weltkrieg besonders von Soldaten der deutschen Wehrmacht millionenfach konsumiert wurde.

Veits Wunden sind verheilt, gegen die Angstzustände bekommt er Pervitin

Im Ort steigt die Betriebsamkeit: So hat der Brasilianer alle Hände voll zu tun, den Aufträgen für seine Orchideenlieferungen nachzukommen und er arbeitet fast Tag und Nacht. Veits Onkel bekommt mehrere Aufgaben und Gebote, die er umsetzen muss, u. a. muss er sich um einen Exhibitionisten kümmern, der sich einem der Mädchen aus Schwarzindien genähert hat, was er alles (seinem Charakter gemäß) möglichst „auszusitzen" versucht. Im Dorf wird gearbeitet, die Kinder erhalten Zeugnisse vor den Osterferien. Im Kontrast dazu deuten die Nachrichten in Bezug auf den Kriegsverlauf immer mehr auf ein für das Deutsche Reich desaströses Ende hin: „Der Krieg ging voran auf Kosten dessen, was besser gewesen wäre." (149)

Betriebsamkeit in Mondsee bei Frühlingsbeginn

Veit begegnet dem Mädchen Annemarie Schaller auf einem Fahrrad, aber sie weicht ihm aus, „ihr Gesicht verschwommen von einer unsagbaren Trauer" (150). Dies ist allerdings das letzte Mal, dass er sie sieht, denn am Gründonnerstag wird bekannt, dass sie verschwunden

Veit begegnet Nanni noch einmal, kurz bevor sie verschwindet

Nannis rätselhaftes Verschwinden

ist. Erste Gerüchte, sie sei mit Kurt durchgebrannt, bestätigen sich nicht, denn Kurt ist längst zur Ausbildung eingezogen worden und wartet auf einen Einsatz in einer Flakstellung. Auch bei Verwandten in Wien ist Nanni nicht aufgetaucht.

Veits Onkel, der sich widerwillig mit dem Fall beschäftigen muss, benötigt Veits Hilfe zum Aufschreiben seiner Nachforschungen, die allerdings nicht viel ergeben: Annemarie hat unter einem Vorwand das Lager verlassen, sich auf dem Weg zum Bahnhof ein Päckchen Kekse besorgt und dort verliert sich ihre Spur. Auch in ihren im Lager zurückgelassenen Sachen finden sich keinerlei konkrete Hinweise auf ihre Pläne.

Im Ort ist man besorgt, der Onkel nimmt die Lage aber nicht so ernst

Nach einigen Tagen steigern sich Unruhe und Sorgen bei allen Betroffenen, jetzt wird auch ein Unglück nicht ausgeschlossen und Hitlerjungen werden zur Untersuchung der Zugänge und Ränder des Sees abgestellt: „Man wollte nicht ausschließen, dass das Mädchen ertrunken war, jeder der Seen in der Umgebung hatte fast jährlich sein eigenes totes Kind." (152) Sie finden aber nichts. Auch der kurzzeitig verdächtigte Exhibitionist hat für die betreffende Zeit ein Alibi.

Der Onkel stellt seine Nachforschungen zunächst ergebnislos ein – nicht ohne ein paar abschätzige Bemerkungen über die frühreife Annemarie zu machen und allgemein über das Heer von Herumstreunenden jeglicher Art zu räsonieren. Die Sorgen Veits um das Mädchen spielt er herunter – wichtiger sind ihm seine Verdauung und die Schwierigkeiten, sich Tabak zu beschaffen. Bei alldem hält er sich für besonders feinfühlig und verständnisvoll.

Nannis Mutter kommt aus Wien

Über eine Woche nach Annemaries Verschwinden erscheint ihre Mutter aus Wien in Mondsee. Als Veit ihr begegnet, sieht er (trotz ihres niedergeschlagenen Ausdrucks) sofort die große Ähnlichkeit mit ihrer Tochter.

Als Veit aufgrund aktueller Ereignisse, z. B. Nachrichten über eine weitere verlorene Schlacht oder das Abwerfen von regierungskritischen Flugblättern im Ort, an seine Beteiligung am Krieg erinnert wird, erleidet er eine weitere Angstattacke. In diesem Augenblick hilft ihm die Nachricht des Onkels, der ihn erneut als Schreiber benötigt.

In dessen Dienstzimmer sitzt Annemaries Mutter und macht eine Aussage, in der sie ein positives Bild ihrer Tochter und auch der Beziehung zu ihr aufzeigt – was teilweise dem Inhalt ihres strengen, Veit bekannten Briefes an ihre Tochter widerspricht. Sie stellt Annemarie als frühzeitig geschlechtsreif und phantasievoll, aber auch als „gutes Kind" (157), gehorsam und zuverlässig dar, das keinesfalls eine Herumtreiberin sein könne.

Frau Schaller zeichnet ein positives Bild ihrer Tochter

Während Veit interessiert zuhört und das Verhalten der Mutter genau beobachtet, ist der Onkel augenscheinlich nicht bei der Sache und hat Mühe, Interesse zu heucheln. Schließlich äußert er einige Gemeinplätze, die schließlich in ein für die deprimierte Mutter fast brutales Urteil münden: „Indizien stützen die Wahrscheinlichkeit: das Mädchen treibt sich herum. […] Sie muss sich offenbar gewaltig den Kopf anrennen, um zur Vernunft zu kommen." (159) Im Gegensatz dazu zeigt sich Veit in seinen Gedanken gerührt von Frau Schallers Berichten über die unschuldige Beziehung zwischen Annemarie und Kurt. Mit einer wenig tröstlichen Versicherung des Onkels, man werde alles tun, wird die unglückliche Frau Schaller entlassen.

Der Onkel wiegelt ab, unternimmt nichts

Veit sieht sie noch mehrmals in Mondsee, spricht sogar kurz mit ihr, aber vor dem Elternbesuchstag reist sie ab. Selbst jetzt zeigt der Onkel keinerlei Empathie: Er verdächtigt die Frau nachher sogar, am Verschwinden ihrer Tochter beteiligt oder eine Trinkerin zu sein. Veit hingegen erleidet am Abend wieder einen Anfall, vermutlich weil ihm Annemaries Geschichte sehr nahe geht. Er nimmt zum ersten Mal das Pervitin und hört im Nebenzimmer Margot mit ihrem kleinen Kind vom Krieg sprechen, was Veit aber dieses Mal trotz wiederkehrender Erinnerungen nicht beunruhigt.

Veit zeigt Mitgefühl

12. Kapitel: „Der Elternbesuchstag" (163–174)

Der Elternbesuchstag der Mädchen dauert zwei Tage, die Eltern (bis auf zwei Ausnahmen sind das die Mütter)

Elternbesuchstag in Schwarzindien

werden privat, u.a. auch bei der Quartierfrau, untergebracht. Die Mädchen sind aufgeregt und glücklich über
die Abwechslung, aber die Erwachsenen sind nervös
und beunruhigt – über allem liegt die Ungewissheit über
Annemaries Schicksal. Auch wundern sich viele über
das gewachsene Selbstbewusstsein der Mädchen, das sie
frei zum Ausdruck bringen. Veit beobachtet eine Mutter,
die er dem Sehen nach aus Wien kennt, wie sie froh
über die friedliche Situation, aber auch besorgt und
ängstlich ihre Tochter betrachtet.

Fortdauer der Ungewissheit über Nannis Schicksal

Als die Eltern abgereist sind, begegnet Veit wieder der
Lehrerin Bildstein, die er zwar nach wie vor attraktiv
findet, jedoch nicht mehr an eine nähere Beziehung zu
ihr glaubt. Die Lehrerin redet länger mit ihm, wenn
auch über „Belanglosigkeiten" (166), sie beklagt sich ein
wenig über die zunehmenden Schwierigkeiten, ihren
Aufgaben mangels Unterstützung durch die Behörden
gerecht zu werden. Allerdings erstaunt sie am Ende Veit,
weil sie ihn auf sein schlechtes Aussehen anspricht und
ihm fast spielerisch „Haue" (167) androht, falls sich sein
Zustand nicht bessert, was Veit amüsiert.

Er muss aber zugeben, dass es um seinen körperlichen
Zustand in der Tat nicht zum Besten steht: Er isst wenig,
begnügt sich häufig mit schwarzem Kaffee und schiebt
dies einerseits auf seine nervliche Zerrüttung und andererseits auf sein Bedürfnis, ständig zu schreiben. Er
schläft viel und ist schon mit der Pflege seiner persönlichen Sachen voll ausgelastet. Einzig seine Stiefel lässt er
für etwas Geld von der jungen Polin Joana, einer
‚zwangsverpflichteten Fremdarbeiterin', putzen. Er hat
Mitleid mit ihr, wenn sie ihm von ihrer unglücklichen
Existenz und ihrer verlorenen Hoffnung auf eine glückliche Zukunft erzählt.

Veit führt häufig Tagebuch

Die Nachrichten von immer neuen Verlusten der deutschen und dem Vorrücken der russischen Armee häufen
sich, Veits Onkel leugnet diese Entwicklung und verbreitet die offiziellen Durchhalteparolen. Veit, der einen Teil des Russlandfeldzugs selbst mitgemacht hat,
glaubt es aber besser zu wissen: Er äußert, „dass die Rote
Armee nach allem, was wir uns an der Ostfront heraus-

Nachrichten vom Vorrücken der Roten Armee häufen sich

genommen hätten, eine gewaltige Rechnung offen habe" (169), und beklagt bitter die „Hinterbänkler" (ebd.), die große Reden schwingen und doch selbst niemals an die Front müssen.

Er liest voller Sympathie einen der postlagernden Briefe Kurt Ritlers an Nanni, die dem Onkel ausgehändigt werden. Darin berichtet der Junge von seiner Situation als „Horcher" bei der Wehrmacht und äußert seine Sorge um Nanni. Zu deren Verbleib gibt es allerdings keine neuen Informationen.

Veit liest Kurts Briefe an Nanni

Später muss Veit für die Quartierfrau eine Fahnenstange anlässlich des bevorstehenden Geburtstags Hitlers aufstellen, was er auch kommentarlos tut, bevor dann ein gewaltiger Sturzregen einsetzt. Veit verbringt den Abend zusammen mit der Darmstädterin bei Essen und Gesprächen. Am folgenden Tag wird der „Geburtstag des Führers" mit feierlichem Pomp und der Rede eines Funktionärs gefeiert. Da die Mädchen aus Schwarzindien gleichzeitig ihr 3-Monats-Jubiläum begehen, dürfen sie bis spät in den Abend feiern und tanzen.

Hitlers Geburtstag wird mit viel Pomp gefeiert

Der psychische Zustand des Brasilianers hat sich stark verbessert. Er prophezeit das bevorstehende Ende des Krieges und freut sich darauf, dass er dann endlich nach Brasilien zurückkehren kann: „Nur weg von diesem Räuber- und Kriegskontinent." (173) Die landverschickten Kinder besuchen ihn oft, sie sind fasziniert von seinen Erzählungen über das exotische Land, gleichzeitig etwas verstört aufgrund seiner überaus kritischen Bemerkungen über die Rassenpolitik der Nationalsozialisten.

Der Brasilianer sieht das Ende des Krieges kommen, äußert sich einmal mehr kritisch über das NS-System

Ebendiese Einstellung wird dem Brasilianer schließlich zum Verhängnis, wie Veit in seinen Aufzeichnungen ankündigt: Bei einer Gemüselieferung an den Gasthof Schwarzer Adler, wo gerade eine Rede des Propagandaministers Goebbels übertragen wird, der „dem Anprall der Kriegswirklichkeit einige Phrasen" (174) entgegenhält, äußert der Brasilianer eine Fülle von Beleidigungen und für alle Anwesenden ungeheuerlichen Urteilen über den Führer und die Nationalsozialisten und lässt sich auch von erschrockenen Warnungen nicht abhalten.

13. Kapitel: „Der Brasilianer wurde nicht über Nacht" (175–187)
An einem der nächsten Tage tauchen dann wirklich zur Mittagszeit zwei Männer, vermutlich Gestapo, in einem Zivilfahrzeug beim Gewächshaus des Brasilianers auf, schlagen zunächst auf dessen bellende Schäferhündin ein und führen dann den Mann ins Haus. Inzwischen haben sich schon Neugierige aus dem Dorf eingefunden, auch Veit ist hinuntergegangen – durch das Tragen der Uniform fühlt er sich wohl sicherer. So traut er sich zunächst auch, die mit dem Brasilianer wieder herauskommenden Männer nach dem Grund für diese Aktion zu fragen, wird aber von ihnen eingeschüchtert. Nur der Brasilianer selbst wirkt gefasst, bittet Veit, sich um das Gewächshaus zu kümmern, und macht dann wieder eine spöttische Bemerkung in Richtung der Polizisten, woraufhin er von ihnen brutal geschlagen, ins Auto gestoßen und abtransportiert wird. Alle Umstehenden sehen ängstlich und reglos zu.

Erschüttert von den Ereignissen, von seiner eigenen Untätigkeit und den fruchtlosen Diskussionen der Dorfbewohner hat Veit das Bedürfnis, sich zu betrinken, was ihm aber sehr schlecht bekommt. Unterschiedliche Gefühle beschäftigen ihn: einerseits die eigene Angst, aufzufallen und vielleicht vorzeitig wieder eingezogen zu werden, andererseits eine fast freundschaftliche Verbindung und Verpflichtung dem Brasilianer gegenüber. Er beobachtet, wie seine Nachbarin sich liebevoll um die schwer verletzte Hündin kümmert. In der Nacht hört er Geräusche beim Gewächshaus, er brüllt aus dem Fenster hinaus und vertreibt dadurch einige Personen, die er nur als Schatten wahrnehmen kann. Als er zusammen mit der Darmstädterin hinuntergeht, kümmern sie sich nur kurz um die Hündin, der wohl durch die Schläge das Rückgrat gebrochen wurde, und Veit verschiebt weitere Untersuchungen auf den folgenden Tag.

Es stellt sich dann heraus, dass dicke Steine in das Gewächshaus geworfen wurden, die nicht nur Glasscheiben zerstört, sondern auch in den Gemüsebeeten Schaden angerichtet haben. Der herbeigerufene Onkel zeigt wie immer kein Interesse, die Sache zu untersuchen, und tut es als eine Art Dumme-Jungen-Streich ab – nicht ohne Veit vorher noch den Hinweis gegeben zu haben, im Dorf rede man schon über den jungen Wiener Soldaten, der sich am Mondsee eine angenehme Zeit mache.

Veit verfällt nun in Aktivität, besorgt auf verschiedenen Wegen das Reparaturmaterial für das Gewächshaus und beginnt mit der Instandsetzung. Die schwierige Reparatur und die nötige Versorgung der Gemüse überfordern ihn fast, aber eines Tages kommt die Darmstädterin hinzu und geht ihm von jetzt an tatkräftig und zielstrebig zur Hand, wobei sie ihr kleines Kind im Gewächshaus auf eine Decke legt und sogar eine Schallplatte auflegt.

Veit kümmert sich um die Reparatur und versorgt mit Margots Hilfe das Gemüse

14. Kapitel: „In den Dschungeln Schwarzindiens" (188–199)

Im beginnenden Frühling berichtet Veit vom Alltag in Mondsee nach der Verhaftung des Brasilianers. Die Mädchen aus Schwarzindien, die im Gewächshaus Tomaten abholen, beklagen sich darüber, dass sich im Lager alles nur um die verschwundene Nanni dreht und sie alle aus Vorsicht noch viel strenger beaufsichtigt würden. Über den Brasilianer ist nur bekannt, dass er im Gefängnis auf seinen Prozess wartet. Veit erhält schließlich die Vollmacht für die Bewirtschaftung der Gärtnerei, vorsorglich auf den Namen der Darmstädterin ausgestellt. Er arbeitet nun ununterbrochen in der Gärtnerei, was ihm körperlich sehr schwerfällt, ihm jedoch auch ein Gefühl der Zufriedenheit vermittelt, verstärkt durch die Einnahme des Pervitin: „Und insgesamt war mir das Arbeiten lieber als das Nachdenken." (190) Die Darmstädterin ist ihm zudem eine große Hilfe, da sie – als ausgebildete Versicherungskauffrau – „alles Geschäftliche" (ebd.) erledigt.

Sie bekommen die Vollmacht für die Bewirtschaftung

Im Mai häufen sich offensichtlich die „schlechte[n] Wehrmachtsbericht[e]" (191) von der Front, was im Dorf bei den überzeugten Nationalsozialisten (wie der Quartierfrau) für Missmut sorgt. Zum ersten Mal nimmt Veit eine längere Passage in seine Aufzeichnungen auf, als er über den Fall der Halbinsel Krim zurück an die Sowjetunion und über die immensen Verluste der Wehrmacht auf ihrem Rückzug in der Ukraine berichtet. Dabei erinnert er sich auch mit Bitterkeit an seine eigene Beteili-

Die Nachrichten von der Front lassen Veit an seine eigene Kriegsbeteiligung denken

gung am dortigen Kriegsgeschehen. Seine Beschreibung „der rücksichtsloseste, brutalste und blutigste Feldzug in der Geschichte der Menschheit" (192) lässt ansatzweise auf die entsetzliche Brutalität der Wehrmacht in den damals besetzten Gebieten schließen. In der herausgehobenen Darstellung einer Gasmaskenprobe in Mondsee und seiner starken Angstgefühle dabei wird noch einmal Veits fragiler psychischer Zustand deutlich.

Zwischen Veit und Margot bahnt sich eine Liebesbeziehung an

Dafür wird die Beziehung zwischen Veit und der Darmstädterin immer intensiver. Sie arbeiten in einer Art festen Routine in der Gärtnerei zusammen, abends bereitet sie für beide das Abendessen, schließlich erzählt sie ihm auch offen, wie sie ihren Mann kennenlernte, von ihm schwanger wurde und nun das Gefühl hat, zu schnell und nicht den Richtigen geheiratet zu haben.

Die beiden genießen die Wärme des Frühlings bei der Arbeit, unterhalten sich viel und lachen zusammen, immer mal wieder aufkommende Assoziationen an Kriegssituationen bekämpft Veit mit Pervitin. Er bezeichnet sein Verhältnis zu der Frau als „seltsam", weil „natürlich" (196). Das Zusammensein mit ihr und ihrem Kind stabilisiert ihn. Er geht so weit, sie zu fragen, was sie an ihm möge, und freut sich über ihre Aussage, er gebe ihr das Gefühl, sie gerne in seiner Nähe zu haben. Da es ihm mit ihr genauso geht, hat er das Gefühl, dass sie „wohl schon ein, zwei Wochen ein Paar" (198) seien. Sie gönnen sich einen freien Tag, spazieren am See und kehren in einem Gasthaus zu Wein und Kuchen ein; anschließend küssen sie sich zum ersten Mal. Auf ihre Bitte, von sich zu erzählen, berichtet Veit von seiner Familie und auch von seinen Kriegserlebnissen. Hier wird wieder deutlich, in welch grausame Handlungen er im Kampfeinsatz verwickelt war (vgl. 199). Er bedauert, dass nichts mehr wiedergutgemacht werden kann.

Sie gehen liebevoll und offen miteinander um

15. Kapitel: „Da ich keine Beziehungserfahrung" (200–215)

Veit und Margot – er nennt die Darmstädterin von jetzt an in seinen Aufzeichnungen bei ihrem Vornamen – beginnen nun auch eine für beide offensichtlich sehr befriedigende sexuelle Beziehung. Dieses wird vor allem von Margot offen und frei angesprochen, was den se-

Margot und Veit sind ein Paar, auch körperlich

xuell anscheinend eher unerfahrenen Veit zwar verwundert, aber auch beruhigt. Darüber hinaus ist das gesamte Zusammensein von Harmonie und Verständnis geprägt, was Veit weiter bestärkt und glücklich macht: „Es gab Momente, da ließen mich meine bitteren Gedanken los, und es fehlte mir an nichts." (201)

Auch die Arbeit in der Gärtnerei setzen sie gemeinsam fort: Die Mädchen aus Schwarzindien holen sich weiterhin Tomaten und erzählen von ihren Wünschen (z. B. endlich die Erlaubnis zum Baden im See zu bekommen), Margot kümmert sich um die schwer verletzte Hündin. Nur Überflüge von Kampffliegern erinnern ab und zu an den (noch) fernen Krieg. Gleichwohl sorgen die Erfahrungen der beiden, vor allem Veits, dafür, dass sie keinerlei Pläne für die Zukunft machen und lieber den Augenblick genießen: „An eine große Zukunft konnte ich nicht mehr glauben, ich hatte gelernt, der großen Zukunft zu misstrauen. Und deshalb kam mir die kleine Zukunft gerade recht." (204)

Veit genießt den Augenblick, macht keine Zukunftspläne

Durch einen Brief des Rechtsanwalts erfahren sie, dass der Brasilianer zu sechs Monaten Zuchthaus verurteilt worden ist; hilfreich waren dabei wohl die entlastenden Aussagen einiger Zeugen. Obwohl es eine Besuchserlaubnis für Familienangehörige gibt, weigert sich seine Schwester, die Quartierfrau, zu ihm ins Gefängnis zu gehen.

Sechs Monate Haft für den Brasilianer

In der fast familiären Idylle Veits und Margots mit dem Kind bilden die neuesten Nachrichten vom Kriegsgeschehen einen starken Kontrast: Nach der Landung der Alliierten in der Normandie im Juni und der gleichzeitigen Offensive der Roten Armee im Osten zeichnet sich die Niederlage Deutschlands sehr deutlich ab. Wie um die Normalität aufrechtzuerhalten, wird noch ein Reichssportwettkampf für alle Landverschickten abgehalten. Dazu erscheint auch Dohm, der Mann der Quartierfrau, ein Offizier, der im von den Deutschen besetzten Polen Karriere gemacht hat. Trotz Veits Abneigung gegenüber nationalsozialistischen Amtsträgern wirkt Dohm in seinem selbstsicheren Auftreten beeindruckend auf ihn: „Er besaß etwas Gewinnendes mit dem

Landung der Alliierten in der Normandie, Offensive der Roten Armee im Osten

Der Mann der Quartierfrau kommt zu Besuch

lebensfrohen Selbstvertrauen eines Mannes, der sich berufen fühlt, die Welt zu erneuern zu seinen eigenen Gunsten." (208)

Beim Zuschauen bei den Sportwettkämpfen der Mädchen muss Veit wieder an Nanni denken. Auf seine Nachfrage kann der Onkel, der eigentlich aktiv nach dem Mädchen suchen müsste, keinerlei Auskunft geben. Er ergeht sich wie immer in langen Reden, denn für ihn scheint die Sache abgeschlossen zu sein: Nanni ist aufgrund der Drohungen ihrer Mutter weggelaufen.

In Mondsee werden Sportwettkämpfe für die Mädchen veranstaltet

Der Sturz von Margots Kind vom Tisch und der dadurch entstandene Schrecken lösen bei Veit einen erneuten Angstanfall mit schrecklichen Kriegserinnerungen aus, und nur durch Margots beruhigende Worte und Einnahme von Pervitin geht es ihm langsam besser. Immer öfter leidet er an Schlaflosigkeit und Angstgefühlen und vermutet, dass dies auch mit dem nahenden Termin für seine Untersuchung auf Verwendungsfähigkeit im Krieg zu tun hat.

Margot scheut sich nicht, oft über ihren Ehemann und ihre für sie falsche Entscheidung, ihn so schnell zu heiraten, zu sprechen. Veit versucht, die Entfremdung der beiden durch den Krieg und die Trennung zu erklären, aber Margot ist inzwischen überzeugt, dass sie und ihr Ehemann nicht zusammenpassen, wünscht ihm aber nichts Schlechtes. Veit bemerkt: „Und doch, sie wirkte nicht besonders traurig, wenn einmal für zehn Tage kein Brief von ihm kam." (212)

Margot scheint zur Trennung von ihrem Ehemann entschlossen

Ein solcher Brief des Ehemannes, in dem dieser von seiner schwierigen Situation an der Ostfront berichtet und gleichzeitig seine Sehnsucht nach Frau und Kind ausdrückt, wird von Veit wörtlich in seine Aufzeichnungen übernommen, und zwar wiederum in Veits Text typographisch hervorgehoben durch einen Einzug am Rand und Kursivdruck). Im Ort wird über das Verhältnis von Veit und Margot seit Längerem hergezogen. Auch auch der Onkel äußert sich missbilligend, hauptsächlich weil er sich aufgrund der Verwandtschaftsbeziehung um seinen eigenen guten Ruf fürchtet (vgl. 213).

Veits und Margots Beziehung wird im Ort missbilligt

Am nächsten Tag beobachtet Veit den Mann der Quartierfrau, wie dieser zur verletzten Hündin geht und mit ihr zu reden scheint. Sarkastisch äußert Veit, „vermutlich über den Wert und Unwert des Lebens unter den für ihn relevanten Gesichtspunkten" (214). Dann erschießt Dohm das Tier. Dem entsetzten Veit gegenüber streicht er seine gehobene Machtposition heraus und schüchtert ihn ein, als der Jüngere droht, ihn anzuzeigen. Margot und Veit trauern um die tote Hündin und begraben sie schließlich. Der geschockte Veit, der weiß, dass er am nächsten Tag zur Nachmusterung muss, schreibt bis tief in die Nacht seine Aufzeichnungen fort.

Dohm erschießt ohne Ankündigung die schwer verletzte Hündin des Brasilianers

16. Kapitel: „In der Früh packte ich" (216–229)

Am nächsten Morgen fährt Veit mit dem Zug nach Wien zur Nachmusterung. Er ist deprimiert, einerseits, weil er sich allein und verlassen vorkommt, und andererseits, weil er Angst vor der Untersuchung hat und befürchtet, wieder in den Kriegseinsatz geschickt zu werden. In Wien zeigen sich nun auch deutlich die Einflüsse des Krieges. So sind z. B. Veits Eltern mit dem halben Hausrat in den Keller gezogen. Selbst seinem Vater, dem glühenden Nationalsozialisten, scheint der Ernst der Lage jetzt bewusst zu sein, ohne dies zugeben zu wollen: „Immerhin war Papas Geschwafel vom unausbleiblichen Sieg endgültig abgelöst worden vom Geschwafel, dass es eine Niederlage nicht geben dürfe." (218) Auch diesmal besucht Veit wieder das Grab seiner geliebten Schwester Hilde.

Veit muss zur Nachmusterung nach Wien, besucht auch seine Eltern

In der Kaserne wartet Veit mit steigender Angst und Nervosität, zusammen mit zwei schwer vom Krieg gezeichneten Soldaten, auf die ärztliche Untersuchung. Allen ist klar, dass an eine Rückstellung angesichts der schlimmen Kriegssituation wohl nicht zu denken ist. Und wirklich wird Veit schließlich vom Arzt nach einer nur oberflächlichen Untersuchung für ‚feldtauglich' befunden. Seine Proteste helfen zunächst nicht, aber nach einer längeren Auseinandersetzung wird ihm doch für den nächsten Tag eine Röntgenuntersuchung bei einem Facharzt zugebilligt.

Veit kämpft um eine erneute Zurückstellung

Der trostlose Zustand der Stadt Wien und der Bewohner und eine traurige Begegnung mit seinem jungen, lun-

Er denkt an die letzten Lebenstage seiner Schwester Hilde

genkranken Nachbarn Hupferl lösen in Veit wieder Erinnerungen an seine Schwester Hilde und einen ihrer letzten Lebenstage aus. Sie hatte ihn von einem Fußballspiel zu sich holen lassen, augenscheinlich spürte sie wohl, dass sie nicht mehr lange zu leben hatte. Veit, damals noch ein emotional unbeholfener Junge, war die kurze Begegnung eher unangenehm, aber jetzt erinnert er sich an jede Einzelheit der Szene.

Der am nächsten Tag aufgesuchte Facharzt, ein älterer Mann, scheint auch zunächst dazu zu tendieren, Veit als ‚feldtauglich' einzustufen. Dieses Mal entwickelt sich aber ein längeres Gespräch, in dem Veit offen und direkt seine ganze Enttäuschung über sein durch den Krieg verpfuschtes Leben und die Zerstörung seines Traums vom Studium beklagt: „Ich möchte wissen, was ich verbrochen habe, dass ich seit bald sechs Jahren immer weiter im Dreck versinken soll." (225) Der Arzt will ihn daraufhin erst zum Garnisonsdienst verpflichten, aber Veits Bemerkungen, Kasernenleben in seiner tödlichen Langeweile sei wie schleichender Selbstmord (vgl. 226), lassen den Arzt in schallendes Gelächter ausbrechen und er ist schließlich bereit, Veit weiterhin zum „einfache[n] Kranke[n]" (227) zu erklären und somit erneut zurückzustellen.

Er wird noch einmal zurückgestellt

Veit kann sein Glück kaum fassen, bleibt aber weiter angespannt ob der Unsicherheit der Zurückstellung, die ja zeitlich begrenzt ist. Erst auf dem Rückweg nach Mondsee entspannt er sich langsam, er freut sich auf Margot und genießt sogar die Zugfahrt durch die sommerliche Natur: „Ich kam Mondsee immer näher. Ich hätte jauchzen mögen." (228) Als er schließlich am Haus und an der vertrauten Gärtnerei ankommt, begrüßt ihn eine strahlende Margot.

Seite 230–244 (Kurt Ritler)

17. Kapitel: „Ich bin noch immer ganz verwirrt"

Kurts zweiter Brief an Nanni

Nun folgt der zweite Veits Aufzeichnungen unterbrechende Brief Kurt Ritlers an die inzwischen vermisste Nanni. Er geht wohl auch davon aus, dass das Mädchen davongelaufen ist, und ist außer sich vor Sorge. Nach seiner Ausbildung zum Flakhelfer, die seine Fahrt zu Nanni nach Schwarzindien verhindert hat, ist er nun als „Horcher" bei einer Flakbatterie in Schwechat in der Nähe seiner Heimatstadt Wien eingesetzt. Sein Alltag in dem Horchgerät zur Ortung feindlicher Flugzeuge und Weitergabe der entsprechenden Informationen ist zunächst von Ereignislosigkeit geprägt. Falls es etwas zu melden gibt, geht die Aktivität auf die Kollegen an den Scheinwerfern und Geschützen über; falls nichts geschieht, ist Kurt wie gelähmt und lauscht nur auf die unzähligen Alltags- und Naturgeräusche um ihn herum.

Kurt ist zur Ausbildung als Flakhelfer eingezogen worden

Dann jedoch berichtet er von schweren Bombenangriffen der Alliierten (hauptsächlich der Amerikaner) auf den Ort, da sich dort große Industrieanlagen, vor allem eine Ölraffinerie, befinden. Zum ersten Mal wird Kurt direkt mit den zerstörerischen Auswirkungen des Krieges konfrontiert und obwohl er glücklicherweise nicht verletzt wird, ist er erschüttert und wirkt fatalistisch:

Er erlebt die ersten Bombenangriffe der Alliierten

> „Die schöne Welt geht kaputt, liebe Nanni, vorbei, und morgen vielleicht der nächste Angriff. Muss eh! Also, mein guter Engel, vergiss deinen Kurti nicht, wenn er einmal nicht mehr schreibt." (236)

Gleichzeitig treiben ihn immer wieder die Gedanken an Nanni um und er träumt davon, wieder mit ihr zusammen zu sein. Während sein Verhältnis zu seiner eigenen Familie nach wie vor angespannt ist, schließt er sich immer mehr Nannis Mutter an, die traurig und deprimiert ist. Sie stützen sich gegenseitig. Aus Schwarzindien kommt eins der Mädchen zu Besuch, es gibt allerdings keinerlei Neuigkeiten im Hinblick auf Nanni.

Er macht sich große Sorgen um die verschwundene Nanni

Die Angriffe auf die Flakstellung und den Ort häufen sich nun, es gibt kaum Gegenwehr der Wehrmacht. Die Flakhelfer sind fast nur noch mit Aufräumarbeiten beschäftigt. Auch in Wien gibt es immer wieder Alarm, viele Häuser sind bereits zerstört. Je größer die äußeren Gefahren werden, desto verzweifelter werden Kurts Gedanken an Nanni und die Fragen nach ihrem Verbleiben. Nachdem den jugendlichen Flakhelfern aufgrund der „Totalverpflichtung" (243) das letzte Schuljahr erlassen

Auch Wien wird nun bombardiert

worden ist, spürt Kurt, dass ihm der baldige Einsatz an der Front bevorsteht: „Dann wird es uns bald treffen, es scheint, als wollten sie mit Ferdl und mir den Krieg gewinnen." (244) Trotz allem – auch trotz der Befürchtung von Nannis Mutter, dass ihre Tochter tot ist – bewahrt sich Kurt seine Hoffnung auf ein Wiedersehen: „Ein weiteres indisches Sprichwort sagt: Am Ende ist alles gut. Wenn es nicht gut ist, ist es nicht das Ende." (Ebd.)

Seite 245–263 (Oskar Meyer)

18. Kapitel: „Der Abschied von Wien"

Zweiter Brief Oskar Meyers an seine Cousine

Als Nächstes schließt sich ein langer Brief Oskar Meyers an seine Cousine Jeannette (wie erst spät deutlich wird) an. Der Brief scheint aus mehreren Teilen zu bestehen und immer wieder unterbrochen worden zu sein. Zu Beginn fasst Oskar die Ankunft der Familie in Budapest und die ersten zwei Jahre dort zusammen. Trotz der schwierigen Wohnverhältnisse bei dem Bruder István verbringen die Meyers zunächst eine glückliche Zeit: Sie genießen unbeschwert die schöne Stadt, das ausreichende Essen und erholen sich auch gesundheitlich. István hat ihnen neue Papiere besorgt, die mehr Sicherheit versprechen. Georg kann eine Schule besuchen und vom älteren Sohn Bernhard erhalten sie aus England gute Nachrichten.

Nach anfänglichem Glück leben die Meyers jetzt in einem Elendsquartier

Es folgt eine konkrete Datumsangabe: „Heute ist ein Schalttag, 29. Februar 1944, es sind zwei Jahre und drei Monate, dass wir in Budapest sind." (248) Die Situation der Meyers hat sich verschlechtert: Georg ist schwer an Scharlach erkrankt, das Leben im Elendsquartier ist kaum zu ertragen, Wally ist wieder apathisch und weigert sich, Ungarisch zu lernen – im Gegensatz zu Oskar, der es schon ziemlich gut spricht. Immer mal wieder finden sich Arbeitsgelegenheiten für ihn, einmal verletzt er sich allerdings schwer an einem Finger und muss pausieren, bevor er wieder eine sehr schwere Arbeit als Lagerarbeiter annimmt. Eine erneute Erkrankung Georgs lässt den verzweifelten Oskar seine Cousine um ein paar freundliche Zeilen und etwas Geld bitten.

Der Einmarsch der Deutschen in Ungarn verschärft die Lage der Juden in Budapest weiter: Oskar geht nur noch selten aus dem Haus und dann nur auf der Schattenseite der Straßen, um nicht aufzufallen. Verzweifelt versucht er Geld für eine mögliche Flucht Wallys und Georgs aufzutreiben. Polnische Juden, die nach Budapest geflüchtet sind, berichten von Grausamkeiten der deutschen Wehrmacht und erwähnen Konzentrationslager, „und wer nicht arbeiten könne, komme ins Gas" (254). Weder Oskar noch sein Bruder István glauben allerdings diese Geschichten, wobei István sich schließlich doch entschließt, Budapest in einer Arbeitskolonne zu verlassen.

Aus Polen kommen schlimme Nachrichten von Konzentrationslagern

Mit letzten Kräften hält Oskar sich und seine kleine Familie am Leben, zu essen gibt es so gut wie nichts mehr. Er selbst ist völlig abgemagert und erschrickt vor seinem eigenen Spiegelbild. Immer noch besteht keine Aussicht auf ein schnelles Ende des Krieges, obwohl die deutsche Wehrmacht überall auf dem Rückzug ist. Budapest befindet sich im Spannungsfeld zwischen deutschlandfreundlichen Ungarn und jenen, die den Alliierten zugeneigt sind, somit ist auch die Situation der Juden weiterhin lebensgefährlich. Oskar und Wally entscheiden sich schließlich, weiter nach Rumänien zu fliehen. Wieder steht ihnen ein mühsamer Weg der Vorbereitung bevor. Ihr einziger Trost ist, dass sie Bernhard sicher in England wissen.

Oskar und Familie wollen nach Rumänien fliehen

Erneut gibt es im Brief einen zeitlichen Einschnitt, sechs weitere Wochen sind vergangen. Oskar kündigt auch den Grund für sein längeres Schweigen an: „Der für mich schlimmste mögliche Fall ist eingetreten, das, wovor ich mich immer gefürchtet habe, schlimmer als schrecklich." (259) Er nennt auch das Datum dieses Ereignisses, Sonntag, den 16. Juli. Wally will Georg in die Sonntagsschule bringen, die beiden verabschieden sich von Oskar und tauchen nie wieder auf. Der verzweifelte Oskar kann nur in Erfahrung bringen, dass sie in der Schule nie angekommen sind und es irgendwo in der Nähe eine Razzia gegeben hat.

Wally und Georg werden eines Tages deportiert

Auch Tage später erhält Oskar keine weiteren Informationen – im Gegenteil: Man bedeutet ihm, „ich könne im

Oskar ist
verzweifelt und
deprimiert

Moment nichts für Wally und Georg tun, ich solle versuchen, mich selbst in Sicherheit zu bringen" (260). Oskar verfällt in Apathie und tiefe Depressionen, wünscht sich, nie wieder aufzuwachen. Nur zwei Erinnerungen halten ihn gewissermaßen noch am Leben: Er denkt an die glückliche Ankunft in Budapest und das Halstuch, das er Wally schenkte, sowie an einen schönen Urlaub am Gardasee. Selbstvorwürfe, dass er seine Frau und seinen Sohn nicht schützen konnte, und die aussichtslose Situation in Budapest lassen ihn jeglichen Lebensmut verlieren. Im letzten Briefabschnitt zieht er dann seiner Cousine gegenüber eine Art Resümee: Er hat seinem Sohn Georg nach besten Kräften ein gutes Leben geboten und hofft, dass es den beiden Vermissten irgendwie gelingt zu überleben. Er selbst hat sich wiederum eine neue Identität verschaffen müssen, Oskar sei nun verschollen oder gestorben: „Milch Sándor ist es, der dies schreibt." (263)

Seite 264–278 (Lore Neff)

19. Kapitel: „Wie ich in der Lebenszeichenkarte"

Lore Neffs
zweiter Brief
an Margot

Der nun folgende komplexe Brief von Frau Neff, Margots Mutter, aus Darmstadt ist ein erschreckendes Zeugnis von der Lage der Zivilbevölkerung in den deutschen Städten nach den verheerenden Luftangriffen der Alliierten in den letzten Kriegsmonaten. Dabei ist nicht sicher, ob es sich nicht um verschiedene Briefe handelt, da viele Aussagen Frau Neffs sich mehrmals wiederholen.

Sie berichtet
von den Folgen
der schweren
Luftangriffe auf
Darmstadt und
die Einwohner

Dies könnte einerseits darauf schließen lassen, dass die Frau sich nicht sicher ist, ob ihre Post überhaupt bei ihrer Tochter in Mondsee angekommen ist, da sie von dieser auch schon länger nichts gehört hat. Andererseits gibt die Art ihrer Berichterstattung – knappe Aufzählungen oft unzusammenhängender Fakten, kurze, oft unvollständige Sätze, flacher, nahezu emotionsloser Stil bei der Beschreibung entsetzlichster Dinge – auch einen deutlichen Hinweis auf die starke psychische Belastungssituation und eine Art geistige Schockstarre der Frau.

Zeitlich ist der Brief im September 1944 einzuordnen, da u. a. von einem desaströsen Luftangriff am 11. September die Rede ist. Den größten Teil nimmt die Darstellung der Zerstörungen in Darmstadt und der Schicksale der Menschen, besonders der Verwandten und Bekannten, ein. Darmstadt ist durch die Bomben fast komplett zerstört (vgl. 264), nicht nur die Privathäuser, sondern auch die Infrastruktur – so gibt es kein Licht, Gas und kaum Wasser, keine Post, keinen betriebsfähigen Bahnhof. Die meisten Bewohner haben fast alles verloren, müssen auf Hilfe und Unterkunft bei anderen hoffen, deren Haus noch nicht zerstört ist. So hat Frau Neff eine Frau bei sich aufgenommen, die schon zweimal „ausgebombt" (270) worden ist. Die Luft in der Stadt ist „verrußt und verraucht" (265) von den Bränden.

> Darmstadt ist fast völlig zerstört

Es gibt viele Tausend Todesopfer (an einer Stelle ist von 20 000 die Rede), zahlreiche von ihnen sind verschüttet oder verbrannt und können nicht mehr gefunden oder identifiziert werden. Auch in Frau Neffs Familie oder näheren Bekanntschaft gibt es Opfer und Schwerverletzte. Margots Mutter nennt eine große Anzahl von Personen beim Namen, deren Beziehung zu den Neffs nicht immer deutlich wird – aber wichtiger für den Leser ist wohl der Eindruck, dass die Menschen permanent mit Todesnachrichten und Hiobsbotschaften im engsten persönlichen Umfeld konfrontiert sind. Dazu kommt die ständige Angst um das eigene Überleben, das Verharren im Luftschutzkeller bei fortgesetztem Alarm.

> Unter den zahlreichen Todesopfern sind auch Verwandte und Bekannte der Familie

Die Überlebenden, so auch Margots Mutter und der kurz auf Fronturlaub gekommene Vater, wirken nahezu abgestumpft im Angesicht der kaum noch aufrechtzuerhaltenden menschlichen Würde: Eine Trauerfeier wird ständig von Alarm unterbrochen, „Tante Emma und Onkel Georg sind zu siebzehnt in einen Sarg gekommen, lauter Knochen der Hausgemeinschaft" (269). Aber obwohl sich alle nur wünschen, der Krieg möge bald zu Ende sein, wirken die nationalsozialistische Durchhaltepropaganda oder auch die Angst vor Bestrafung bei öffentlich geäußerter Kritik immer noch: „Herr Hans sagt, Schwarzsehen ist Verrat." (271) Dieser Nachbar ist Frau Neff eine große Hilfe – übrigens zum Missfallen ihres

> Fatalismus, Kampf ums Überleben

eifersüchtigen Ehemannes, der Herrn Hans für die Zeit seiner Abwesenheit das Haus verbietet.

Inmitten der Schreckensberichte wendet sich Margots Mutter aber auch immer wieder direkt an ihre Tochter, erkundigt sich nach deren Situation in Mondsee und nimmt Anteil an Ereignissen dort, die Margot ihr anscheinend in ihren Briefen berichtet hat. Allerdings macht sie der Tochter auch drastisch klar, dass sie deren Wünsche, z. B. nach Waschmittel oder Klammern, nicht erfüllen kann, da es in Darmstadt keine Geschäfte mehr gibt. Auch die jüngere Tochter Bettine in Berlin möchte bestimmte Kleidung zugeschickt bekommen. Dass ihre Töchter so naiv sind und ihre Situation offensichtlich nicht einschätzen können, macht die Mutter ärgerlich: „[…] schön langsam muss ich an eurem Verstand zweifeln. […] Ich hätte gedacht, ihr habt in der Fremde schon etwas Vernunft angenommen, aber scheinbar nicht." (272 f.)

Frau Neffs Kritik an der vermeintlichen Naivität der Töchter

Wie schon im vorigen Brief wechseln sich strenge, vorwurfsvolle Ermahnungen ihren Töchtern gegenüber mit sorgenvollen Ratschlägen ab:

> „Zieh dich warm an, wenn du in den Keller gehst, dort ist es kalt und feucht." (277)

> „Isst du weiterhin Zwiebeln? Wenn ja, bleibe dabei, sie sind gesund." (278)

Über allem steht immer wieder der Wunsch der Mutter, die beiden jungen Frauen mögen keine „Dummheiten" bzw. „Sachen" (278) machen.

Seite 279–369 (Veit)

20. Kapitel: „In der zweiten Juliwoche" (279–292)

Die Fortsetzung von Veits Aufzeichnungen wendet sich – wie die erste Zeile schon andeutet – zeitlich wieder ein paar Monate zurück und schildert die Entwicklung in Mondsee, das zunächst von einem starken Unwetter heimgesucht wird. Vor allem die Felder der Bauern sind betroffen, während Veits Gewächshaus verschont bleibt. Die Mädchen aus Schwarzindien sind für einige Wochen in den Urlaub (vermutlich zu ihren Familien) geschickt

Die Mädchen aus dem Lager Schwarzindien haben Ferien

worden, kurz vor dem 20. Juli, dem Attentat auf Adolf Hitler durch die Widerstandsgruppe um Graf von Stauffenberg. Veit nimmt dieses Attentat eher aus der Ferne wahr, aber es rüttelt ihn doch auf, wie er schreibt (vgl. 279), zumal das Scheitern nicht das inzwischen von den meisten herbeigesehnte Ende des Krieges bedeutet: „Leider wollte der F. dem Thron nicht entsagen, und der Krieg, der zu einer chronischen Krankheit geworden war, wurde mit noch größerer Verbissenheit fortgesetzt." (280)

Scheitern des Hitler-Attentats am 20. Juli 1944

Während ein Brief von Margots Mann die zermürbende Situation der Soldaten an der Front spiegelt, ist Veit weiterhin glücklich über seine, auch sexuell erfüllende, Beziehung zu Margot und stellt sich manchmal ein zukünftiges Leben und gemeinsame Kinder mit ihr vor. Im Ort und beim Onkel sind die beiden allerdings Auslöser für Kritik und Lästerei: „[...] die Stimmen, die sagten, ich würde mich im Bett der Darmstädterin vor dem Feld der Ehre drücken, wurden lauter." (281) Dies führt dazu, dass sie vermeiden, gemeinsam gesehen zu werden. Die Julitage werden zusätzlich durch ein trauriges Erlebnis mit angefahrenen und sterbenden Rehen, dem Kampf Margots gegen Läuse und lang anhaltenden Regen getrübt.

Im Ort wird über das Verhältnis von Veit und Margot gelästert

Große Hitze im August sorgt dafür, dass Gemüse und Obst sehr schnell wachsen und geerntet werden müssen, zum Unwillen des hitzeempfindlichen Veit. Er muss sich auch Sorgen um seinen Onkel machen, dessen Lungenemphysem diesem eine Zeitlang sehr zusetzt. Weiterhin versucht er so unsichtbar wie möglich zu bleiben, um den Vorwürfen der Bewohner, vor allem der Quartierfrau, zu entgehen. So lässt er Margot eines Tages auch allein zum Heidelbeersammeln gehen und versorgt derweil die kleine Lilo. Als Margot lange Zeit nicht zurückkommt, wird Veit panisch: Seine Furcht, sie könne tot sein, vermischt sich mit seinen Erinnerungen aus Russland und löst eine besonders heftige Angstattacke aus, die er mit Pervitin bekämpft. Margot kommt schließlich müde, aber glücklich, mit Eimern voller Heidelbeeren zurück. Schließlich kehren die Mädchen nach Mondsee zurück und helfen in der Landwirtschaft, bevor im September die Schule wieder beginnt. Von Anne-

Der Onkel erkrankt schwer

Veits Panik bei Margots Abwesenheit

marie Schaller gibt es nach wie vor keine Spur. Auch die Lehrerin Bildstein ist wieder da und beklagt sich bei Veit über die Behörden, die ihr nur Schwierigkeiten bereiteten. Die Kriegssituation scheint inzwischen, überall auch durch die zunehmenden, den Ort überfliegenden Bombengeschwader sichtbar, für das Deutsche Reich aussichtslos, wozu auch die Nachrichten über die komplette Zerstörung großer Städte beitragen.

Die entsetzte Margot erfährt von den Zerstörungen in Darmstadt

Generell weicht Margot den Kriegsnachrichten im Radio aus, aber nicht immer gelingt dies. So hören sie und Veit, als sie beide beschäftigt sind, einmal die Nachricht vom Angriff auf Darmstadt und den zwanzigtausend Toten, worüber die Mutter in ihrem Brief, dem Leser bereits bekannt, berichten wird. Dies löst bei Margot einen nervlichen Zusammenbruch aus: Sie weint stundenlang. Auch als sie etwas später einen Brief einer Arbeitskollegin aus Darmstadt erhält, die – wahrscheinlich in drastischen Bildern, Veit nennt dies „anschaulich" (292) – von der schrecklichen Lage in Darmstadt berichtet, ist sie traurig und deprimiert. Sie kann erst wieder lächeln, als es ihr und Veit gelingt, eine Kohlmeise zu retten, die sich am Fliegenfänger im Zimmer verfangen hat.

Der Brasilianer kehrt vorzeitig aus der Haft zurück

21. Kapitel: „Aus dem Misthaufen stieg Rauch auf" (293–303)
Im September wird der Brasilianer nach vier Monaten vorzeitig aus der Haft entlassen, weil seine Arbeit im Gewächshaus für die Versorgung der Kinderlager als wichtig erachtet wird. Er kehrt nach Mondsee zurück, wobei die meisten Leute ihn zwar grüßen, aber nichts Näheres über seinen Gefängnisaufenthalt wissen wollen. Als Erstes isst der Brasilianer eine Fleischtomate aus seinem Gewächshaus, legt brasilianische Musik auf und begrüßt den sich nähernden Veit auf Portugiesisch. Das ist, laut Veit, „ein erstes Zeichen, dass er nur mit einem Bein nach Mondsee zurückgekehrt war" (294).

In der Tat ist der Brasilianer einerseits froh über seine Rückkehr nach Mondsee und seine wiedergewonnene Freiheit; er ist dankbar für Veits und Margots Arbeit und deren liebevollen Umgang mit seiner Hündin. Seine Berichte über die Behandlung der Gefangenen sind für Veit erschütternd und bestätigen ihm die Gerüchte, die allgemein über die Zustände im Zuchthaus kursieren: „Folterungen sind Alltag, Todesfälle Routine." (295) Die Auswirkungen auf den Brasilianer sind offensichtlich: Er ist viel nervöser, unsicherer als vorher, wirkt körperlich wie geistig oft überfordert, nimmt aber auch die schlimmen Erfahrungen als notwendig an: „Jetzt kenne ich mein Gegenüber." (296)

Die negativen Folgen der Haft

Das führt andererseits dazu, dass sein Traum, diesem Land zu entkommen und eines Tages wieder nach Brasilien zurückzukehren, umso stärker lebt. Sein Urteil über das Deutsche Reich fällt mehr denn je offen und vernichtend aus:

Umso stärker ist der Wunsch des Brasilianers, endlich nach Brasilien zurückzukehren

> "Der Brasilianer sagte, er fühle sich wie eingekerkert in diese Räuber- und Kriegszeit, es gebe niemanden mehr, der frei sei im ganzen Land, das ganze Land sei ein auf Grund gelaufenes Sklavenschiff, zuerst müsse er die Ketten loswerden, und das gelte nicht nur für ihn." (297)

Im Folgenden zeichnet Veit eine ganze Reihe von Äußerungen des Brasilianers in direkter, unkommentierter Rede auf, in denen dieser von seinem geliebten Brasilien und dem Leben dort berichtet, wohl wissend, dass eine Rückkehr nicht automatisch leicht und problemlos sein würde. Aber er schwärmt von der Fülle und dem Reichtum der Natur, der Freiheit eines Lebens ohne Angst, der Bescheidenheit der Menschen dort bei ihrer gleichzeitigen Ausgelassenheit und Lebensfreude im Karneval, von der Solidarität und gegenseitigen Hilfsbereitschaft. Gleichzeitig beklagt er sich noch einmal über seine habgierige Schwester und deren Ehemann, die ihn um sein Erbe betrogen haben. Als Schlussfolgerung gibt es für ihn nur die folgende: „Ich gehöre nach Brasilien" (299), „dem ersehnten Land" (300), dem „Paradies" (ebd.) am Ende seiner „Befreiungsfahrt" (ebd.).

Detaillierte Schilderung seiner Liebe zu Brasilien

Die Reden des Brasilianers, seine Äußerung, man müsse sich selbst Glück bereiten, regen auch Margots und Veits Leidenschaft an. Sie schlafen miteinander und genießen ihr Zusammensein. Aber wie immer kann Veit nicht vollkommen gelöst sein, vermag auch seine durch die Rückkehr des Brasilianers größere Freizeit nicht richtig zu genießen, weil im Hintergrund immer noch die erneute Musterung droht, für die er sich schon vor sechs Wochen hätte vorstellen müssen.

22. Kapitel: „Den Onkel traf ich im Freien" (304–317)

Veit besucht seinen Onkel in dessen Büro. Dieser bleibt seiner Linie treu, wiegelt jegliche Arbeit (z. B. die Beschwerde eines Bewohners über Flüchtlinge) ab und wünscht sich nichts anderes als Zigaretten bzw. Tabak, obwohl ihm vom Arzt das Rauchen verboten wurde. Über sein ungerechtes Los jammernd, bittet er auch Veit inständig, ihm im Tausch für eine Tafel Schokolade irgendwie Rauchtabak zu beschaffen. Als Veit anmerkt, dass sein eigener Bedarf aufgrund der Angstzustände jetzt größer ist, eröffnet ihm der Onkel, dass auch er lange unter Erinnerungen an Kriegserlebnisse im Ersten Weltkrieg gequält worden sei: „Das ist alles im Körper gespeichert." (308) Zuletzt gibt er seinem Neffen noch eine Warnung an den Brasilianer auf den Weg: Dieser möge vorsichtig sein und sich in seinen Äußerungen zurückhalten, sonst werde es schlimmere Konsequenzen für ihn haben.

Inzwischen hat Margot wieder einen (dem Leser schon bekannten) Brief ihrer Mutter erhalten – die wiederholten Informationen über den Tod einiger Verwandter sowie die harsche Zurückweisung von Margots schon lange zurückliegender Bitte nach neuer Unterwäsche deprimieren und ärgern die Tochter. Zu allem Überfluss erscheint noch die Quartierfrau mit einem Flugblatt, das zum ‚Volkssturm' aufruft und das sie gehässig dem „Drückeberger" (310) Veit entgegenhält. Dieses Mal reagieren Veit und Margot aggressiv auf die Frau und werfen sie hinaus.

Dass der Krieg sich weiter verschärft und sich auch dem bis jetzt ruhigen Mondsee nähert, wird deutlich, als Veit von dem ersten Bombenangriff auf die nahe gelegene Stadt Salzburg berichtet, der wohl für alle überraschend kam und viele Opfer fordert. Die Detonationen sind bis Mondsee zu hören. Veits Angst und die ständigen abfälligen Bemerkungen der Quartierfrau über den „Wiener Drückeberger" (311) bringen ihn schließlich dazu, doch zur Musterung nach Vöcklabruck zu fahren.

Der Onkel lässt den Brasilianer durch Veit warnen

Die Quartierfrau fordert Veit auf, sich endlich wieder an die Front zu melden

Er fürchtet sich vor der Untersuchung und glaubt nicht an eine weitere Zurückstellung, zumal er schon viel früher hätte erscheinen müssen. Als er das Schreibzimmer unbesetzt vorfindet, nimmt er kurzerhand zwei Bögen Papier, die er mit dem offiziellen Stempel versehen hat, an sich und verlässt fluchtartig die Kaserne. Hinterher kann er selbst kaum glauben, was er riskiert hat, aber ihm ist klar, dass er „mit dem ganzen Scheiß nichts mehr zu tun haben wollte" (313). Nach und nach beruhigt er sich und kauft sogar im Ort für Margot noch neue Unterwäsche.

Veit entwendet zwei offizielle Blanko-Briefbögen der Musterungsbehörde

Ihm fällt auf, wie viele Kinderwagen in Vöcklabruck zu sehen sind. Ihm ist klar, dass es diese Kinder nicht aus reiner Kinderliebe gibt, sondern dass sich viele Soldaten von einer Heirat und Zeugung von Kindern Fronturlaub versprechen: „Jedem war jedes Mittel recht." (Ebd.) Veit bedauert sogar, ohne darüber so richtig lachen zu können, dass er selber nicht schwanger werden kann: „Wenn diese Möglichkeit für Männer bestünde, wär's an der Front in kürzester Zeit wie leergefegt" (314). Er fühlt sich erst wieder besser, als er Margot die Unterwäsche schenkt und ihre ausgelassene Freude darüber sieht.

Nach einiger Zeit – im Ort verläuft das Leben nach wie vor relativ ungestört, bis auf die nun dauernd zu verfolgenden Luftangriffe auf Salzburg – begibt sich Veit wieder zu seinem Onkel, um möglichst unbemerkt an dessen Schreibmaschine zu kommen. Er bringt ihm Tabak mit, was den Onkel natürlich begeistert, und deutet an, dass er wahrscheinlich auch bald wieder einrücken werde. Als der Onkel zu einem Spaziergang aufbrechen will, bittet Veit darum, noch bleiben zu dürfen: Er wolle die Schreibmaschine reinigen und anschließend einen Brief an das Wehrkommando schreiben. Er behauptet, „das endlose Mich-Drücken und Totschlagen der Zeit deprimiere mich, ich wolle diesem ohnehin nicht mehr haltbaren Zustand ein Ende bereiten" (316). Das ist zwar eine glatte Lüge, doch der Onkel akzeptiert es und verlässt den Raum.

Auf der Schreibmaschine des Onkels fälscht er zwei erneute Zurückstellungen

Und so gelingt es Veit, auf den zuvor gestohlenen und gestempelten Briefbögen seine erneuten Zurückstellungen von August und aktuell von Oktober zu verfassen. Seine Freude und Erleichterung, als er nach draußen tritt, wird dann jäh unterbrochen: „Ich wollte mich gerade in Bewegung setzen, da kam der Onkel angekeucht und rief, die Leiche von Nanni Schaller sei gefunden worden, sie liege in der Drachenwand." (317)

Nannis Leiche ist in der Drachenwand gefunden worden

23. Kapitel: „Die Leiche des Mädchens Annemarie Schaller" (318–329)

Veits Aufzeichnungen in diesem Kapitel ist der (kursiv gedruckte) Bericht des Gendarmeriemeisters Johann Kolbe (Veits Onkel) über die Auffindung von Annemaries Leiche im Wortlaut vorangestellt. In sachlicher Bürokratensprache werden die Fakten – Fundort, Finder, Bergung, Zustand der Leiche, Todesursache – und auch Vermutungen, wie es zu dem Unglück gekommen ist, dargestellt.

Offizieller Bericht des Onkels

Alle im Ort sind erschüttert, werden von grausamen Bildern geplagt, da die Leiche z.T. (vermutlich von Tieren) verstümmelt ist. Die Mädchen in Schwarzindien sollen von einem angereisten Privatdozenten getröstet werden; dieser sucht allerdings unangemessenen Körperkontakt zu den jungen Mädchen, so dass er schnell aus dem Ort entfernt wird. Veit erinnert sich besonders intensiv und auch beschämt an seine Begegnungen mit Nanni. In lebhaften Bildern und fast bewundernd malt er sich ihre letzten Stunden bis zu ihrem unglücklichen Tod aus und fühlt sich einmal mehr mit ihr verbunden: „Sie schien von anderer Substanz gewesen zu sein als ihre Mitschülerinnen, war unter anderen Gesetzen gestanden." (321)

Veits Erinnerungen an Nanni

Langsam beruhigt sich die Stimmung in Mondsee wieder, zumal es weder eine polizeiliche noch eine gerichtsmedizinische Untersuchung von Annemaries Tod gibt. Fremdverschulden ist ausgeschlossen, auch gibt es keinerlei Hinweise auf Selbstmord. Der Onkel, froh, den Fall schnell abschließen zu können, schiebt das Unglück wieder auf pubertäre Verstimmungen und jugendlichen Leichtsinn: „Sache erledigt." (322) Das tote Mädchen erhält eine Grabstätte in Mondsee; zur Totenmesse am Tag des Begräbnisses kommen viele Dorfbe-

Ein tragisches Unglück

wohner, auch Veit und Margot, Annemaries Mutter sowie deren Schwester mit ihrer kleinen Tochter (Kurts Mutter und jüngere Schwester Susi). Auch alle Mädchen aus der Landverschickung in der Gegend nehmen teil. Veit ist entsetzt über den militärischen Drill ihres Auftretens:

Zur Beerdigung Nannis in Mondsee kommen auch ihre Mutter, Tante und Cousine

> „In Formation, mit Trommel und Fahne, führten sie die Fortschritte bei der Kinderdressur vor, bewegten sich in albtraumhaften Geometrie-Sequenzen, in wie irreal anmutender Leni-Riefenstahl-Geometrie." (324)

Und während Veit vermutet, dass der Gleichschritt den Mädchen in dieser Situation vielleicht Halt gibt, kann der Brasilianer seine kritische Sicht nicht verbergen: „Wie auf einem Soldatenfriedhof, alles in Reih und Glied." (Ebd.)

Die Beschreibung des Gottesdienstes macht Veits distanzierte Haltung zur Kirche und ihren Ritualen deutlich. Er sieht sie in einer Reihe mit anderen, z. B. politischen, Institutionen und Bewegungen: „Im Grunde redeten alle immer von demselben und versprachen auch immer dasselbe, zum Beispiel, dass die Erlösung durch Untergänge zu erreichen sei." (324 f.)

Während des Begräbnisses wird Veit wieder von Erinnerungen an seine Zeit an der Front heimgesucht: Er denkt an die zahlreichen gefallenen Kameraden, für die er mit anderen die Gräber ausheben musste. Die ganze Perversion des Krieges wird dadurch deutlich, dass er dieses als ernsthaft und wohltuend betrachtet: „[...] man hatte das Gefühl, etwas nicht gänzlich Sinnloses zu tun" (326). Auch erinnert er sich an den Besuch eines riesigen Soldatenfriedhofs mit 750 Gräbern.

Veits Erinnerung an das Ausheben von Frontgräbern

Am Ende der Beerdigung verändert sich das Wetter auf eine nahezu angemessene Art: Es wird kalt, stürmisch, beginnt zu regnen. Viele, auch Veit, Margot und der Brasilianer, flüchten ins Gasthaus. Mit der Zeit wird der Brasilianer aber immer nervöser, weil er das Gerede der Leute über den Krieg kaum ertragen kann, so dass Veit schließlich zum Aufbruch drängt.

Die Beerdigung endet im Unwetter

**24. Kapitel: „Es ist immer noch hell genug zum Schreiben"
(330–340)**
Am Anfang des Kapitels steht erneut ein Abschnitt von
Veits Aufzeichnungen im Präsens, daher wirken die beschriebenen Eindrücke so unmittelbar gegenwärtig bzw.
nicht weit zurückliegend. Den Mittelpunkt bildet die
Freude aller Hausbewohner über die ersten selbststständi-
gen Schritte der kleinen Lilo: *„Ein großer Tag."* (330) Margot kommt mit dem Kind zum schreibenden Veit ins
Zimmer, schreibt nachher selbst Briefe, zuerst an ihre
Mutter, dann auch an ihren Mann, in denen sie ihre
Freude darüber ausdrückt, wie lebhaft das Kind seine
neu erlernte Fähigkeit ausprobiert.

Von Margots Ehemann, von Veit jetzt „Kindsvater" (331)
genannt, ist ebenfalls wieder ein Brief gekommen, in
dem er erneut die bedrückende, auch körperlich uner-
trägliche Situation der Soldaten im Osten schildert. Er
erwähnt zudem Kameraden, die ihm vorhalten, keine
Frau könne bei einer so langen Trennung treu sein. Er
weist aber einen solchen Verdacht von sich, schickt
etwas Geld und wünscht sich, dass Margot für sich und
das Kind das Beste aus der Situation macht. Dieser Abschnitt des Briefes ist wieder in direkter, wortgetreuer
Form wiedergegeben: „[…] *gestalte wenigstens dir und
dem Kind das Leben besser.*" (Ebd.) Dies rührt an Veits
schlechtes Gewissen, aber letztlich geht es ihm dann
doch um sein persönliches Glück: „Na ja, was kann man
ändern?" (332)

Veit hat ein
schlechtes
Gewissen wegen
Margots Ehe-
mann an der
Front

Dohm erscheint
noch einmal in
Mondsee

Zu Allerheiligen (1. November) erscheint wieder der La-
ckierermeister Dohm, Ehemann der Quartierfrau, auf
Urlaub. Trotz der sich immer mehr abzeichnenden Niederlage Deutschlands verbreitet er weiter die nationalsozialistische Ideologie und Zuversicht. Dies steht allerdings im Widerspruch zu den Vorräten, die er insgeheim
im Keller für schlechtere Zeiten hortet. Für Veit ist die
erneute Begegnung mit Dohm nach der Auseinandersetzung über die Erschießung der Hündin unangenehm
und er vermeidet näheren Kontakt.

Dagegen kommt es immer wieder zu lautstarken Auseinandersetzungen Dohms mit seinem Schwager, dem

Brasilianer. Dieser wirkt auf Veit inzwischen merkwürdig verloren, er geht seiner Arbeit eher mechanisch, ohne Beteiligung nach und ist mehr denn je auf Veits Gegenwart und Hilfe angewiesen. Einmal gibt er zu, dass es ihm – bei aller Freude über die eigene Unabhängigkeit – an Zuneigung fehle (vgl. 335).

Das ungewöhnliche Wetter – Kälte und Feuchtigkeit werden von starkem Föhn abgelöst – tut ein Übriges, um die Kraftlosigkeit und deprimierte Stimmung der Menschen zu verstärken: Veit erleidet einen erneuten Anfall, Margot hat Schuldgefühle gegenüber ihrem Mann und Veit, das Kind verträgt die Milch nicht, was seine Mutter wiederum zum Weinen bringt. Schließlich eskaliert auch der Streit zwischen dem Brasilianer und Dohm, die sich – für alle vernehmbar – gegenseitig auf das Ärgste beschimpfen. Der Brasilianer beleidigt erneut die ihm verhassten NS-Größen, worauf ihm sein Schwager Gefängnis androht. Die Situation wird nun immer brenzliger: Der Brasilianer beschimpft Dohm schließlich so laut und unflätig, dass dieser seine Pistole auf ihn richtet. Dann entscheidet er sich anders und fährt mit seinem Motorrad davon.

Der Streit Dohms mit dem Brasilianer eskaliert

In diesem Augenblick scheint dem Brasilianer das Ausmaß seiner zu erwartenden Schwierigkeiten klar zu werden: Er weiß, dass er niemals seinen Mund wird halten können, und entscheidet sich fürs Verschwinden. Er händigt Veit seine Schlüssel aus und erinnert ihn an sämtliche Vollmachten, die er ihm gegeben hat. Wenig später kommt er mit einem Sack und einigen Papieren aus dem Haus, verabschiedet sich von Veit und Margot und auch von seiner Schwester, die aber nichts erwidert, und geht in Richtung offenes Feld: „Ein weiterer Flüchtling." (340)

Der Brasilianer flüchtet und überlässt Veit seine Schlüssel

25. Kapitel: „Ich schaute mich in den Zimmern um" (341–355)
Veit geht in die Wohnung des Brasilianers und nimmt – wie von diesem gefordert – die fünf Kisten Zigarren an sich, die dort versteckt waren. Mit Margot beschließt er, die wertvollen Zigarren in einem ihrer verschließbaren Koffer zu verstecken. Bei der Gelegenheit nimmt Veit auch eine Pistole an sich, die Margots Mann auf dem

Veit nimmt die Zigarren des Brasilianers und die Pistole von Margots Ehemann an sich

Schwarzmarkt erworben und ihr gegeben hat. Die Waffe vermittelt Veit, der wieder sehr angespannt ist, eine gewisse Sicherheit. Er spürt erneut die Nähe des Krieges und weiß, dass er auf Dauer nicht entkommen kann.

Der Ehemann der Quartierfrau muss zurück auf seinen Posten nach Polen. Bevor er abreist, bittet er Veit, das Benehmen seiner Frau zu entschuldigen. Sie leide unter großen Schmerzen und könne sich oft nicht beherrschen. Veit, dem dies alles unangenehm ist, möge ein wenig auf sie aufpassen.

Flüchtlinge werden im Haus des Brasilianers einquartiert, die die Gärtnerei übernehmen

In Mondsee trifft ein weiterer Flüchtlingsstreck aus dem Osten mit großen Rinderherden ein, es wird schwierig, alle Flüchtlinge unterzubringen. Auch in das Haus des Brasilianers quartiert man zwei Familien ein, die dann auch den Gärtnereibetrieb übernehmen. Alle persönlichen Dinge des Brasilianers werden requiriert: „In Mondsee war der Brasilianer so gut wie tot." (345) Der Onkel bedauert nur, dass die Zigarren nicht aufzufinden sind; er fürchtet, im Rahmen des ‚Volkssturms' vielleicht auch noch eingezogen zu werden.

Das bringt Veit dazu, erneut – wenn auch nur in seinen Aufzeichnungen – harsche Kritik am politischen System und der völlig sinnlosen Opferung zahlreicher weiterer Menschenleben in einem längst verlorenen Krieg zu äußern. Gleichwohl besucht er am nächsten Tag den Onkel in dessen Büro. Obwohl dieser ihm neue Sohlen für die Schuhe besorgt hat, kann Veit nicht umhin, die Einstellung des Onkels, der sich möglichst aus allem heraushalten will, anzuklagen: „Als gänzlicher Opportunist war der Onkel das größte Arschloch von allen." (347) Nach einer kurzen Auseinandersetzung, in denen sich beide gegenseitig Vorwürfe machen, muss der Onkel schließlich einen Kontrollgang bei den Flüchtlingen machen. Es gelingt Veit nicht, Näheres über den Brasilianer herauszufinden, aber er willigt ein, die persönlichen Gegenstände von Nanni Schaller nach Schwarzindien zu bringen. Dies tut er schließlich auch, obwohl der Weg aufgrund des anhaltend schlechten Wetters schwierig zu begehen ist. Er sieht die Mädchen draußen bei der Gymnastik und trifft die Lehrerin Bildstein im Haus beim Korrigie-

Veit hat eine Auseinandersetzung mit seinem opportunistischen Onkel

ren an. Trotz eines anfänglichen Errötens beim Anblick von Veit baut sie doch schnell wieder Distanz auf und beschränkt sich auf das übliche oberflächliche Geplänkel. Dann teilt sie ihm noch mit, dass das Lager Schwarzindien aufgelöst und die Mädchen auf zwei andere Lager aufgeteilt würden.

Veit erfährt, dass das Lager aufgelöst wird

Als Veit den Rückweg antritt, schaut er noch einmal zum Fenster eines unbeheizbaren Zimmers unterm Dach des Gasthofes hinauf. Ihm kommt – auch aufgrund einer früheren Bemerkung der Lehrerin – der Gedanke, dass sich dort oben der Brasilianer versteckt haben könnte. Wieder zu Hause teilt er Margot seinen Verdacht mit, die ihn aber bittet, sich nicht einzumischen. Danach informiert sie ihn, dass sie – anders als anscheinend vorher angenommen – nicht schwanger sei, was beiden wohl angesichts der schwierigen Situation nicht unlieb ist. Trotzdem versichert ihr Veit, der sich am Abend betrunken hat, seine ewige Liebe.

Ihm wird klar, dass sich der Brasilianer dort versteckt hält

26. Kapitel: „Bald ein ganzes Jahr" (356–369)

Ende November – Veit ist inzwischen schon fast ein Jahr in Mondsee – erhält er eine Beorderung in die Kaserne nach Wien. Er ist fast erleichtert, denn die ständige Ungewissheit, wie es für ihn weitergehen wird, zerrt an seinen Nerven. Inzwischen gesteht er sich auch seine Pervitin-Abhängigkeit ein. Er ist schlecht gelaunt, dann wieder untätig und grübelnd. Schließlich ist er so weit, dass er sich vom Onkel eine Reiseerlaubnis nach Wien ausstellen lassen will, findet diesen aber nicht auf seinem Posten vor.

Veit erhält eine erneute Beorderung nach Wien

Er begegnet ihm dann auf der Straße, wo beide den Abmarsch der Mädchen aus Schwarzindien beobachten. Der Onkel deutet an, dass er demnächst eine Verhaftung vorzunehmen habe, jemand würde ausländische Sender hören. Ungeduldig wartet er darauf, dass die Mädchen, die wie immer im Gleichschritt marschieren, mit ihrer Lehrerin weiterziehen, schwingt sich dann zu seinem Amtshelfer aufs Motorrad und fährt davon.

Veit erkennt, dass der Onkel in Schwarzindien den Brasilianer verhaften will

Als Veit wieder zu Hause ist, wird ihm plötzlich klar, dass der Onkel ihn hinters Licht geführt hat: „Die Ver-

Er holt die Pistole und geht ebenfalls zum Lager

haftung galt dem Brasilianer. Warum sonst musste die Übersiedlung der schwarzindischen Mädchen abgewartet werden." (361) Spontan nimmt Veit die Pistole, schluckt eine Tablette zur Beruhigung und macht sich dann in der Dunkelheit auf über die Felder nach Schwarzindien. Dort sieht er dann auch wirklich das Motorrad des Gendarmen vor der Tür stehen und versteckt sich zunächst. Kurz darauf sieht er den Amtshelfer, der offensichtlich eine blutende Wunde am Kopf hat, mit dem Onkel heraustreten. Dieser befiehlt dem Verletzten, zum Gemeindearzt zu fahren, um die Wunde nähen zu lassen, und kehrt dann allein ins Haus zurück.

In diesem Augenblick fällt Veit eine Entscheidung, ohne lange darüber nachzudenken. Er betritt ebenfalls das Haus und bleibt eine Zeitlang im Vorraum der Gaststätte stehen, von wo er den Brasilianer und den Onkel sehen kann, die sich an einem Tisch gegenüber sitzen; beide wirken völlig erschöpft. Endlich betritt Veit die Wirtsstube, wissend, „dass ich nicht auf halbem Weg stehenbleiben konnte, ich musste einen sauberen Schnitt machen, ein sauberer Schnitt ist etwas, bei dem es kein Zurück gibt" (365).

Veit erschießt den Onkel und versteckt zusammen mit dem Brasilianer die Leiche, der Brasilianer flieht

Als der Onkel ihn mit der Pistole sieht, redet er auf ihn ein, er möge keine Dummheiten machen. Veits Abneigung gegenüber dem Onkel und dessen gleichgültiger, mitleidloser Haltung und auch eine gewisse Enthemmung durch das Pervitin lassen ihn abdrücken. Der Onkel ist tödlich verletzt und stirbt kurz darauf auf dem Boden der Gaststube. Gemeinsam tragen der Brasilianer und Veit die Leiche hinaus und verstecken sie notdürftig. Der Brasilianer bedankt sich schließlich, nimmt seinen Sack mit Vorräten und macht sich auf den Weg in ein anderes Versteck. Beide Männer wissen wohl, dass sie sich nicht wiedersehen werden.

Veit ist schwer erschüttert von seiner Tat

Veit ist traurig und erschüttert, auf dem Nachhauseweg muss er mehrfach pausieren und weint. Auch später, allein in seinem Zimmer, weint er, und als er dann endlich einschlafen kann, träumt er von zwei Kameraden, die im Krieg gefallen sind. Am nächsten Morgen geht er hinüber zu Margot, die bereits von dem toten Onkel weiß. Ihre Frage, ob alles gut gegangen sei, bejaht Veit und obwohl Veit glaubt, dass sie die Wahrheit ahnt, gehen beide nicht mehr darauf ein: „[…] und es wurde nichts mehr darüber gesprochen." (369)

Seite 370–383 (Lore Neff)

27. Kapitel: „Es sind vom Eichbaumeck"

Zum dritten und letzten Mal werden Veits Aufzeichnungen von den drei anderen Stimmen unterbrochen. Zunächst liegt wieder ein Brief von Margots Mutter, Lore Neff, vor. Erneut bekommt Margot (und damit der Leser) ein Bild von der äußerst schwierigen Lage in Darmstadt, vor allem nach den schon zuvor erwähnten schweren Luftangriffen. Dazu kommt noch die Klage über das kalte und feuchte Novemberwetter und den zu erwartenden kalten Winter. Auch wird – bei aller saloppen Ausdrucksweise Frau Neffs – deutlich, wie sehr sie ihre Familie vermisst:

> „Am Allerheiligentag wanderte ich von einem Friedhof zum nächsten und beneidete andere, die mit der Familie zu den Gräbern gehen konnten. An solchen Tagen spürt man das Alleinsein doppelt." (371)

Gleichzeitig beweisen Lore Neffs Schilderungen wieder ihre pragmatische, fast fatalistische Haltung in der schweren Situation: Sie erntet, so weit noch vorhanden, Obst und Gemüse, kocht ein und versorgt die noch lebenden Tiere, was ihr auch gesundheitliche Probleme bereitet. Ständiger Fliegeralarm und Flucht in den Keller gehören zum Alltag. Die Mutter berichtet der Tochter auch Neuigkeiten über Verwandte und Bekannte, vermutlich ehemalige Arbeitskolleginnen Margots. Eine schwer kranke Verwandte ist gestorben, was lakonisch kommentiert wird: „Leider ist Käta gestorben, eines natürlichen Todes, also Rarität." (375) Zwei schon vorher erwähnte Verwandte, die bei einem Luftangriff ums Leben kamen, werden im offiziellen Schreiben der Behörden an Frau Neff unter „Laufnummern 4261 und 4262" (376) aufgeführt – mit dem perversen Zusatz, sie seien „für Großdeutschland gefallen" (ebd.). Dabei ist nicht einmal klar, ob in den Trümmern gefundene Knochen zu den Leichen der beiden Frauen gehören.

Lore Neffs
dritter Brief an
ihre Tochter

Sie berichtet
von ihrem Alltag
in der zerstörten
Stadt

Der Ehemann, Margots Vater, leidet sehr unter seinem
Kriegseinsatz, mehrmals erwähnt Frau Neff, er schreibe
„weinerlich" (375, 381). Auch er scheint inzwischen völlig desillusioniert vom Krieg, was in seinen Äußerungen
bei einem kurzen Heimaturlaub und Briefen von der
Front deutlich wird. Die jüngere Tochter Bettine kommt
zu einem kurzen Besuch, doch die Mutter ist unglücklich, dass es ihr nicht gelingt, Bettines Rückkehr nach
Darmstadt zu erreichen (vgl. 377).

An verschiedenen Stellen des Briefes geht Frau Neff
auch auf Margot und deren Briefe ein, die sie wohl in
unregelmäßigen Abständen erhalten hat. Die Mutter
kommentiert dann kurz die Berichte der Tochter von
den verschiedenen Ereignissen in Mondsee; nur auf
deren Aussage, dass sie ihren Mann nicht liebe, geht
Frau Neff ausführlicher ein. Ein paar allgemeine Aussagen über die Ehe, auch ihre eigene, wechseln sich
ab mit dem mehr oder weniger leisen Vorwurf an die
Tochter:

> „Schon bei der Hochzeit hast du auf meinen Rat verzichtet,
> sonst hätte ich dir gesagt, dass Ehen jämmerliche Glücks-
> sachen sind und dass man das Glück nicht extra herausfor-
> dern soll." (380)

Einmal scheint selbst die ansonsten so pragmatische
Frau Neff von ihrer Lage überfordert: „Hol der Teufel
den ganzen Schwindel, ich hab jetzt bald genug von immer nur Ärger und Verdruss mit den Blödheiten von
euch _allen_!" (381) Am Ende ihres Briefes wird aber klar,
wie sehr sie sich um die Familie sorgt und sich – auch im
Hinblick auf das bevorstehende Weihnachtsfest – ein
Wiedersehen wünscht.

Seite 384–398 (Kurt Ritler)

28. Kapitel: „Die Sache ging sehr rasch"

Der nun folgende Brief Kurt Ritlers ist nicht an Nanni
gerichtet, sondern an seinen Freund Ferdl. Die einzelnen Teile des Briefes sind in zeitlichen Abständen verfasst oder es handelt sich um zwei Briefe, die hinterein-
ander gestellt wurden. Dies zeigt sich darin, dass Kurt
sich im ersten Teil noch fragt, wo Nanni sein könnte

(vgl. 385), später aber weiß, dass sie tot ist und Ferdl für ihn als einziger Ansprechpartner bleibt (vgl. 388).

Zunächst schildert Kurt, dass er (wohl im Rahmen des sogenannten ‚Volkssturms') in eine Volksgrenadier-Division einberufen und dann mit den anderen in einem Viehtransport nach Hainburg, der östlichsten Stadt Österreichs, gebracht worden ist. Die erste Zeit in der Kaserne ist geprägt von sinnlosen Tätigkeiten wie Exerzieren, im Dreck kriechen oder – wie Kurt sich ausdrückt – der Ausbildung zu „Hausfrauen" (387), z. B. flicken, waschen, putzen. Immer wieder ist Kurt mit seinen Gedanken bei Nanni und den schönen Erinnerungen an ihre kurze gemeinsame Zeit in Wien. Selbst das Zusammensein mit seiner für ihn nicht unproblematischen Familie in Wien erscheint ihm jetzt wünschenswert.

Kurt ist nun im Rahmen des ‚Volkssturms' in einer Kaserne bei Hainburg

Anschließend schildert Kurt dem Freund seine tiefe Trauer über Nannis Tod und seine depressive Gefühlslage, die er aber niemandem in seiner Umgebung zeigen kann und darf: „Erwachsen sein heißt ja vor allem, dass man gelernt hat, sich zu beherrschen." (389) Im Folgenden wechseln sich Beschreibungen seiner schwierigen Arbeit in Hainburg mit immer wieder zu Nanni zurückkehrenden Gedanken ab.

Er ist deprimiert wegen Nannis Tod

Die Rekruten müssen bei schneidenden winterlichen Temperaturen ein Lager für „Arbeitsverpflichtete, die demnächst von Ungarn zum Schanzen kommen" (ebd.), bauen. (Dabei handelt es sich um den Bau eines Teils des Südostwalls, der von Zwangsarbeitern, u. a. ungarischen Juden, errichtet werden und den Vormarsch der Roten Armee stoppen sollte.) Kurt ist entsetzt über die Flüchtlingstrecks, die jeden Tag auf ihrem Weg in Richtung Wien vorbeiziehen. Es kommen aber auch aus Wien Nachrichten über Angriffe, so dass die Nerven der jungen Rekruten aus Angst um ihre Familien aufs Äußerste angespannt sind.

Kurts Entsetzen über die Flüchtlingstrecks gen Westen

Kurt erfährt nur wenig über Nannis Begräbnis, und die Nachrichten von seiner Familie aus Wien lassen ihn unberührt: „Nein, ich will ohnehin überall und nirgends zu Hause sein, mir ist ja alles so egal wie noch nie." (392) Das von seinem Sold übrig bleibende Geld schickt er gleichwohl nach Hause, mit der zynischen Bemerkung, man möge es „zurücklegen für die *Siegesfeier*" (393). Einmal trifft er auf einen Soldaten aus Mondsee, und schnell wird klar, dass es sich dabei um Veit handelt, der dem Jungen seine Briefe an Nanni zurückgibt. Sie sprechen nur kurz miteinander, Kurt registriert, dass der Soldat sehr pessimistisch wirkt und sogar – wie sein Vater – zum Desertieren raten würde. Das alles lässt Kurt aber kalt. So kreuzen sich in dieser kurzen Episode die Wege von Veit und Kurt zum ersten und einzigen Mal.

Er erhält von Veit seine Briefe an Nanni zurück, wirkt aber gleichgültig und unnahbar

Kurts Einheit wird an die Front verlegt

Am Ende des Briefes berichtet Kurt von einer erneuten Verlegung, angeblich in Richtung Schlesien, jedenfalls in die Nähe der Front. In einer Art Vermächtnis verrät Kurt Ferdl, wo er in der Kaserne in Wien wichtige Dinge wie sein Fahrtenmesser versteckt hat, die nun der Freund an sich nehmen soll. Die Möglichkeit zu sterben scheint Kurt genauso realistisch wie das Gefühl, dass sein Leben vielleicht doch eines Tages eine „spektakuläre Veränderung" (394) erfährt. Aber der Fatalismus überwiegt, zumal auch Freunde gefallen oder schwer verunglückt sind und Ferdl jetzt zu den Fallschirmjägern eingezogen wird: „[…] es ist ja letzten Endes egal, wo man ist, erwischen kann es einen überall." (396)

Angesichts der Kriegseindrücke verliert er die Hoffnung

Sein erstes Weihnachtsfest als Soldat wird für Kurt nur durch ein Paket seiner Tante erträglich; außerdem träumt er wieder von Nanni, sogar von ihrer Hochzeit. Die Realität sieht anders aus: In der Nähe der Front beim Hauptverbandplatz erlebt Kurt nun jeden Tag schwere Gefechte und sieht die zahllosen Verwundeten. Diese Bilder werden ihm immer im Gedächtnis bleiben. Die Rote Armee dringt weiter vor und so endet der Brief – und damit auch das letzte Lebenszeichen von Kurt für den Leser – mit einem von ihm wieder einmal zitierten indischen Sprichwort aus einem Buch seines Vaters: „Wer auf die Jagd nach einem Tiger geht, muss damit rechnen, auf einen Tiger zu treffen." (398)

Seite 399–418 (Oskar Meyer)

29. Kapitel: „Deutsche Einheiten auf dem Rückzug"

Zum letzten Mal meldet sich nun auch die Stimme von Oskar Meyer zu Wort, wobei nicht deutlich wird, ob es sich wiederum um einen Brief (es gibt keinen Adressaten, keine Adressatin) oder eher um tagebuchähnliche Aufzeichnungen handelt.

Oskar Meyers letzte Aufzeichnungen

Die Lage in Budapest wird immer dramatischer: Als Ungarn, lange Zeit Verbündeter der Deutschen, den Austritt aus dem Krieg und Neutralität anstrebt, bringt ein Umsturz neue Machthaber an die Regierung, und die Beteiligung am Krieg wird unter der faschistischen Bewegung der „Pfeilkreuzler" unter Ministerpräsident Szálasi fortgesetzt. Das bedeutet gleichzeitig, dass sich die Situation der Juden in Budapest weiter lebensgefährlich verschärft. Sie werden von der Bevölkerung verachtet, angespuckt und von den Pfeilkreuzlern „wie ein Stück Wild abgeschossen" (400).

Unter den faschistischen Pfeilkreuzlern ist die Lage für die Juden in Budapest katastrophal und lebensgefährlich

Oskar haust mit anderen Juden unter katastrophalen Umständen in einem halbzerstörten Haus. Die Enge, der Hunger, die ständige Angst vor Übergriffen oder gar dem Tod, sobald man sich in die Öffentlichkeit wagt, machen das Leben unerträglich. Oft gibt es Nachrichten von verhafteten oder getöteten jüdischen Bekannten. Einmal wird Oskar auf dem Weg von einem Zahnarzt selbst Zeuge, wie ein junger Jude von einer Gruppe Pfeilkreuzler auf offener Straße vor neugierigen Zuschauern totgeprügelt wird.

Immer wieder denkt Oskar voller Schuldgefühle an Wally und Georg. Seine Gefühle wechseln zwischen der Hoffnung, sie mögen sich vielleicht gerettet haben, und der – realistischeren – Einsicht, dass sie tot sind. Er denkt auch an die verpassten Gelegenheiten zur Rettung: das Arbeitsangebot in Accra oder auch die Warnung der nach Südafrika ausgewanderten Cousine Jeannette, die von der Flucht nach Budapest abgeraten hatte.

Oskar ahnt wohl, dass Wally und Georg tot sind

Als immer deutlicher wird, dass Budapest bald zum Schauplatz einer „Schlacht" (409) werden wird, be-

Er sieht keinen Ausweg als sich für einen Arbeitseinsatz im Westen zu melden

schließt Oskar, sich als Freiwilliger für einen Arbeitseinsatz zu melden: „Schanzer-Juden" (ebd.) sollen nach Westen geschickt werden. Obwohl klar ist, dass diese Einsätze schlimm und für viele tödlich sind, erscheint dies Oskar immer noch besser, als in Budapest untätig auf den Tod zu warten.

Den Fußmarsch in Richtung Hainburg überleben viele Männer nicht

Nach umständlicher Registrierung (Oskar hat inzwischen wieder neue Papiere) werden die Arbeiter in Viehwaggons bis zu einem Ort an der Grenze zu Österreich gefahren und müssen von dort zu Fuß in strenger Ordnung weitermarschieren. Der Weg ist beschwerlich, und ab und zu brechen Männer zusammen, die nicht weitergehen können. Sie werden von den Wachleuten gnadenlos erschossen und liegen gelassen. Oskar wie auch die anderen blenden diese Eindrücke möglichst aus und warten nur darauf, dass es weitergeht im „gewohnten Trott" (416).

Am Abend kommen sie an einem Ort an, wo sie in einer viel zu kleinen Scheune die Nacht verbringen sollen. Angeblich ist dieser Ort nur eine kurze Strecke von ihrem Ziel, Hainburg und dem Lager in Berg, entfernt – und hier ergibt sich für den Leser auch ein Bezug zu Kurt Ritlers Schicksal, der beim Aufbau des Lagers helfen

Oskar fühlt neue Kraft durch einen Traum von Wally

musste. In der Nacht träumt Oskar noch einmal von Wally. Er akzeptiert ihren und Georgs Tod und bittet sie um Verzeihung. Als er ihr zeigt, dass er ihr Halstuch immer bei sich trägt, und dieses küsst, lächelt sie, und er betrachtet dies als ein Zeichen der Vergebung.

Mit neuer Kraft marschiert Oskar am nächsten Morgen weiter, er fühlt weiterhin die Unterstützung Wallys und wird ihr Halstuch danach offen tragen. Das Kapitel endet mit einigen Sätzen Oskars, die er offensichtlich später an die Ränder seiner Aufzeichnungen gekritzelt hat.

Später schließt er jedoch mit seinem Leben ab

Sie klingen wie eine Art Abschluss mit dem eigenen Leben:

> „Alles Gute, meine Lieben! Ich trage dein Halstuch, Wally, auch
> wenn die andern spotten. […] Viel Glück, Bernili, Georgili!
> Danke für alles! Gott segne euch! Küsse! Küsse, meine Lieben!"
> (418)

Seite 419–476 (Veit)

30. Kapitel: „So tauchte ich wieder in den Winter ein" (419–426)

Es ist fast ein Jahr seit Veits Verwundung an der Front
vergangen; er ist dankbar, dass diese Zeit nicht wie im
Krieg für ihn sinnlos war, sondern ihm ein „eigenes
Leben" (419) beschert hat. Liebevoll beschreibt er die
Entwicklung der inzwischen einjährigen Lilo, erinnert
sich aber immer wieder an seine Erschießung des Onkels
und ist fast froh, nach Wien beordert worden zu sein.

Die Behörden haben inzwischen die Frage nach dem Täter nicht weiter verfolgt, der Amtshelfer – ebenso miss-
mutig wie der Onkel – hat inzwischen dessen Stelle
übernommen und stellt Veit die Fahrerlaubnis nach
Wien aus. Vorher befragt er ihn noch zu dem Brasilianer,
aber Veit hält sich bedeckt. Veit holt sich noch die Erlaubnis, Kurt Ritler seine Briefe an Annemarie zurückge-
ben zu dürfen. Er ist überzeugt, dass er nicht noch einmal zurückgestellt wird, woraufhin Margot ihm ihr
gespartes Geld gibt – vermutlich als Bestechungsgeld für
den Amtsarzt. Margots Mann hat inzwischen wieder geschrieben, er werde wohl keinen Urlaub mehr bekommen. Sie rechnet fest damit, dass er nach dem Krieg in
eine Scheidung einwilligen wird.

Veit muss erneut nach Wien zur Nachmusterung

Am nächsten Morgen begleiten Margot und das Kind
Veit zum Bahnhof, ihm wird einmal mehr deutlich, wie
wichtig diese Beziehung für ihn ist. Im vollbesetzten
Zug, inmitten erschöpfter, deprimierter Reisender,
denkt Veit an seinen Grundwehrdienst in Friedenszei-
ten und seine damals harmonische Beziehung zu seinem Elternhaus. Jetzt allerdings ist er „schon gespannt
auf die blöden Reden" (426).

31. Kapitel: „Der Westbahnhof war dick verqualmt" (427–442)

In Wien angekommen, drängt sich Veit durch das Chaos am Bahnhof mit den vielen Soldaten und Flüchtlingen nach Hause. Sein Vater hat eine Vorrichtung ge-
baut, mit der er bei Fliegerangriffen den Sender der
Partei hören kann, was Veit sogar bewundert. Den Fragen nach dem Onkel Johann weicht er aus, wehrt sie –
zum Befremden der Eltern und später auch seinem ei-

In Wien herrscht Chaos, es gibt auch wieder Streit mit dem Vater

genen – sogar barsch ab: „Er ist tot und fertig." (428)
Auch hat er eine erneute Auseinandersetzung mit seinem Vater, beide verfolgen das Thema Krieg aber nicht
weiter. Veit fühlt sich in seinem Elternhaus inzwischen
völlig fremd.

Veit besucht noch
einmal Hildes
Grab und erinnert
sich an ihren
Todestag

Obwohl der Friedhof aufgrund von Bombenschäden geschlossen ist, gelingt es Veit auf Schleichwegen, zum
Grab seiner Schwester Hilde zu gelangen. Dies löst in
ihm eine lange Folge von Erinnerungen an ihren Todestag aus. Die Behandlung der Ärztin schlug nicht mehr
an, die ganze Familie war aufgebracht und nervös. Mitten in der Nacht verschlimmerte sich die Situation so
sehr, dass die Eltern erneut die Ärztin rufen wollten.
Veit verließ fluchtartig das Zimmer, er konnte nicht mit
der Schwester allein sein. Hilde, die zunächst für tot ge-
halten wurde, setzte sich zum Entsetzen aller noch einmal auf, starb dann aber tatsächlich. Bis heute ist Veit
verstört und hat Schuldgefühle, ihr nicht beigestanden
zu haben.

Endgültiger Bruch
mit der Familie

Veit geht zu Kurt Ritlers Adresse, um ihm die Briefe zu-
rückzugeben, findet aber dort nur die kleine Schwester
vor. Immerhin kann sie ihm Kurts aktuellen Standort
mitteilen. In der Nacht erlebt Veit mit seiner Familie einen weiteren Fliegerangriff im Keller. Danach hat er
wieder eine – diesmal schärfere – Auseinandersetzung
mit seinem Vater, wobei in Veit jetzt auch sämtliche
negativen Erfahrungen mit dessen demotivierendem,
autoritärem Erziehungsstil lebendig werden. Es kommt
zum endgültigen Bruch mit der Familie.

Trotz Beste-
chungsversuch
wird Veit als
kriegsverwen-
dungsfähig
erklärt

Die Untersuchung in der Kaserne verläuft wie befürchtet: Trotz Veits Versuche, aus gesundheitlichen Gründen erneut zurückgestellt zu werden und als letzte Möglichkeit den Arzt mit Margots Geld zu bestechen, wird er
von diesem als „Kriegsverwendungsfähig Feld" (441) beur-
teilt. Das Geld hatte er allerdings angenommen, „die
miese Ratte", wie Veit schreibt (ebd.). Nur die Tatsache,
dass er von einem unehelichen Kind in Mondsee berichtet, gibt Veit die Möglichkeit eines Aufschubs von zwei
Tagen, bevor er dann einrücken muss.

32. Kapitel: „Seit es mit Margot" (443–456)

Bevor er nach Mondsee zurückkehrt, macht sich Veit auf den Weg nach Hainburg, um Kurt die Briefe zurückzubringen. Dort angekommen, begibt er sich zur Kaserne und wartet auf Kurt, der erst nach einiger Zeit aus der Stadt zurückkommt. Veit erkennt ihn von Fotos und spricht ihn an. Die Begegnung, die Kurt zuvor in seinem Brief angesprochen hat, wird nun also aus Veits Perspektive geschildert.

Für beide ist die Situation schwierig: Kurt wirkt sehr zurückhaltend und abweisend und Veit findet nicht die richtigen Worte, um die Distanz zu überbrücken. Beide sind in ihren Erinnerungen an Nanni gefangen. Kurt, der bald an die Front geschickt wird, vermittelt Veit gegenüber den Eindruck, dass seine Zukunft – und damit auch sein möglicher Tod – ihm gleichgültig sind. Deprimiert geht Veit davon.

Veit bringt Kurt dessen Briefe, findet aber keinen Zugang zu dem Jungen

Da die Bahnverbindung nach Wien unterbrochen ist, legt Veit ein großes Stück des Weges durch die Winterlandschaft zu Fuß zurück. Dabei begegnet er vielen Flüchtlingen mit ihren Karren auf dem Weg nach Westen und trifft auch auf zum ‚Volkssturm' abgestellte Arbeiter, die ein – in seinen Augen völlig lächerliches – Hindernis gegen die Panzer bauen müssen. Für den fronterfahrenen Veit sind diese Schutzstellungen „Symptome des Irrsinns" (450).

Als er sich der Ortschaft Berg nähert, trifft er auf die am Südostwall arbeitenden Zwangsarbeiter und wird Zeuge, wie ein Wachmann einen Arbeiter so brutal verprügelt, dass er nicht mehr aufstehen kann und daraufhin liegen gelassen wird. Ein Arbeiter, der in seiner Nähe arbeitet, „ein namenloser Sterblicher" (452), fällt Kurt aufgrund seines hübschen, bunten Halstuches auf. Der Mann, für den Leser als Oskar Meyer erkennbar, blickt Veit nur vorwurfsvoll und hasserfüllt an – damit wird eine, wenn auch flüchtige Verbindung zwischen diesen beiden Protagonisten hergestellt. Die Szene macht Veit klar, dass er immer, egal, was noch passieren wird, ein Teil dieses Krieges bleiben wird. Nachdem er, zurück in Wien, noch einen Unterschlupf für die Nacht im vermieteten Zim-

Er begegnet vielen Zwangsarbeitern, unter ihnen wohl Oskar Meyer

mer einer älteren Frau gefunden hat, fährt er am frühen Morgen zurück nach Mondsee.

33. Kapitel: „Ich saß auf dem Fensterbrett" (457–473)

In Mondsee unterrichtet Margot Veit über die neuesten Entwicklungen. Dabei wird deutlich, dass die Auswirkungen des Krieges inzwischen auch den Ort betreffen: Überflüge und Luftkämpfe, dazu Nahrungsmittelknappheit. Vom Brasilianer gibt es keine Neuigkeiten, er wird inzwischen allgemein für den Tod des Onkels verantwortlich gemacht.

Veit fährt zum Abschied noch einmal nach Mondsee

Die beiden machen mit der kleinen Lilo einen Spaziergang in den Ort, unterwegs sprechen sie über die Zukunft und vereinbaren, wohin sie ihre jeweilige Post schicken sollen. Margot bittet Veit zudem, nicht zu viele Tabletten zu schlucken. In der vertrauten Umgebung fühlt er sich besser, das Wichtigste für ihn ist jetzt, dass das Ende des Krieges absehbar ist: „Hauptsache, der Krieg war bald vorbei und das Elend hörte auf." (463) Nachts versichern sich die beiden noch einmal ihre Liebe und ihre Hoffnung auf eine gemeinsame Zukunft.

Er und Margot schmieden Zukunftspläne

Am folgenden, Veits letztem Tag, eskaliert der Streit mit der Quartierfrau, so dass sie entscheiden, für Margot eine andere Bleibe zu suchen. Diese finden sie beim Fleischhauer im Ort, der ein Zimmer für Margot und das Kind hat und Margot auch Arbeit als Ladengehilfin anbietet. Obwohl Veit einen erneuten Schwächeanfall erleidet (auch aufgrund des Fleischgeruchs im Laden), ziehen sie mit ihren gesamten Sachen in das neue Quartier. Hier fühlen sie sich gleich geborgen und Veit gibt ohne Bedauern seinen Schlüssel bei der wieder freundlicheren Quartierfrau ab – nicht ohne sich von den Schweinen neben der Toilette, die ihm ans Herz gewachsen sind, zu verabschieden. Margot und Veit verbringen noch einen schönen Abend zusammen, mit Gesprächen, gemeinsamem Essen und Musik. Veit hat wieder Überlebensmut gefasst und glaubt an eine Zukunft.

Nach einem erneuten Streit mit der Quartierfrau ziehen Veit, Margot und Lilo um

34. Kapitel: „Wir warteten auf das Milchauto" (474–476)

Am nächsten Morgen wird Veit, nach einem innigen Abschied von Margot, von dem Milchauto abgeholt, das ihn zum Zug bringen wird. Noch einmal schaut er sich während der Fahrt genau die Umgebung an: Schwarzindien, den See, die Drachenwand. Er denkt an die tote Nanni Schaller, grüßt sie unauffällig und wünscht ihr „alles Gute für ihre Zeit bei den Geistern" (476). Ihm ist ganz klar, dass all diese Erinnerungen untrennbar zu seinem Leben gehören werden:

> „Dann verschwand die Wand aus meinem Blick, und ich schloss die Augen in dem Wissen, dass wie vom Krieg auch von Mondsee etwas in mir bleiben wird, etwas, mit dem ich nicht fertig werde." (476)

Veit wird zum Zug gefahren, verabschiedet sich von der Drachenwand und der toten Nanni

Seite 477–480 (Nachbemerkungen)

35. Kapitel

Das letzte Kapitel ist von einer weiteren Person in der Ich-Form verfasst, die in der Gegenwart Informationen über das Schicksal der Hauptfiguren recherchiert hat und diese nun – teilweise mit konkreten Orts- und Zeitangaben – dem Leser präsentiert. Daraus geht u. a. hervor, dass Veit tatsächlich überlebt und Margot nach dem Krieg geheiratet hat, Margots Mutter Frau Neff 1961 gestorben ist, der Brasilianer 1948 nach Brasilien zurückgekehrt und Kurt Ritler nach einer schweren Verwundung in einem Lager in Dänemark gestorben ist. Oskar Meyer wurde im März 1945 auf dem Weg ins KZ Mauthausen ermordet, Wally und Georg waren bereits 1944 in Auschwitz umgebracht worden.

Ein vermeintlicher Verfasser informiert über das Schicksal der Romanfiguren

② Analyse und Interpretation

Figurenkonstellation

Der speziellen Konstruktion des Romans entsprechend kann zwischen zwei Gruppen von Figuren unterschieden werden. Da sind zum einen Veit, Kurt, Frau Neff und Oskar Meyer, deren Stimmen direkt aus ihren Aufzeichnungen vernehmbar sind und deren (Selbst-)Charakterisierung sich daher aus erster Hand erschließt. Dazu kommt am Ende der Verfasser der sogenannten „Nachbemerkungen". Zum anderen gibt es weitere Figuren, die in den Aufzeichnungen der vier bereits Genannten eine mehr oder weniger große Rolle spielen und deren Bild für den Leser durch die Perspektive der jeweiligen Erzählstimme vorgeprägt ist.

Die Erzählstimmen

Veit

KURZINFO

Der ‚Kriegsversehrte'
- Veits Tagebuchaufzeichnungen machen den größten Teil des Inhalts aus.
- Er hadert mit dem Krieg, der seine Jugend und Zukunftspläne zerstört hat.
- Er entfremdet sich immer mehr von seiner Familie, vor allem dem fanatischen Vater.
- Auch sein angepasster und untätiger Onkel in Mondsee stößt ihn ab, nur in dem Brasilianer findet er eine Vorbildfigur.
- Die Liebe zu Margot macht ihn reifer und hoffnungsvoller.

Veit Kolbe als Hauptfigur

Der zu Beginn der Handlung im November 1943 23-jährige Wiener Veit Kolbe ist zweifellos die Hauptfigur des Romans. In seinen Aufzeichnungen (und somit aus seiner Perspektive) wird der überwiegende Teil der ungefähr ein Jahr umfassenden Ereignisse vermittelt. Das Schreiben ist für Veit ganz offensichtlich von großer Wichtigkeit: nicht nur Schilderung der äußeren Erlebnisse und Vorkommnisse an seinen jeweiligen Aufenthaltsorten, sondern vor allem auch unmittelbare Wiedergabe seiner inneren Befindlichkeit. Zunächst betrachtet er das Schreiben eher als Ablenkung und Zerstreuung, ärgert sich über den Verlust seiner Füllfeder: „Dabei schrieb ich in letzter Zeit so viel wie noch nie in meinem Leben, es war ja egal, was ich mit der Zeit anfing, es ging alles vom Krieg ab." (73)

Mehr und mehr wird das Schreiben jedoch zu einer Art Selbstvergewisserung: Als weitgehend zurückhaltender, aber viele Details registrierender Beobachter der Ereignisse formuliert Veit für sich Kommentare, die er oft nicht aussprechen kann oder will. Auch bietet ihm das Aufzeichnen in der zeitlichen und räumlichen Distanz zum Kriegsgeschehen die Möglichkeit, sich seiner entsetzlichen Erlebnisse und auch Taten an der Front bewusst zu werden und diese zu beurteilen. Schließlich bekommt das Schreiben eine entlastende, vielleicht heilende Funktion, wenn Veit ausführlich und bildreich seine Angstattacken schildert oder besonders bedrückende und aufwühlende Situationen verarbeitet:

Veit schreibt über Beobachtungen und Selbsterkenntnisse

> „Das war am Tag, bevor ich für die Nachmusterung nach Wien fuhr. Bis halb zwei in der Nacht saß ich allein in meinem Zimmer, zerbiss Kaffeebohnen und schrieb." (215)

Obwohl seine schwere Kriegsverwundung ihn für längere Zeit vom Fronteinsatz befreit und ihm die Rückkehr nach Hause und später den Genesungsaufenthalt in Mondsee ermöglicht, ist Veit nicht erleichtert und glücklich, sondern deprimiert. Schon als er zum ersten Mal in sein eigenes Zimmer im Elternhaus zurückkehrt, wird ihm die nicht allein physische Beschädigung seiner Person, sondern seines ganzen Lebens bewusst: Nach dem Schulabschluss hat er praktisch nur den Militärdienst kennengelernt, zunächst in der Ausbildung, dann im vierjährigen Kriegseinsatz. Sein ehrgeiziger, gleichwohl realistischer Zukunftsplan – ein Studium an der Technischen Universität – scheint ihm unwiderbringlich zerstört, zumal er keinerlei Energie zum Nachlernen mehr aufbringen kann: „[...] statt dessen lag ich auf dem Bett ohne Antrieb, ein abgenagtes Stück Herz." (23)

Er betrauert den Verlust seiner Jugend und Pläne durch den Krieg

Dazu kommt sein gestörtes Verhältnis zum Vater, dessen uneingeschränkte Verehrung der Nationalsozialisten und ihrer Ideologie mit Veits desillusionierenden

Gestörtes Verhältnis zum Vater

Kriegserlebnissen kollidiert. Zwar versucht Veit zunächst sich zurückzunehmen, um den fragilen Familienfrieden nicht zu stören und seiner zwischen den beiden Männern stehenden Mutter nicht wehzutun. Aber seine Wut über den Vater und dessen „hirnverbrannte Ideen" (22) und „Geschwätz" (23) – wie auch über seine anderen Verwandten, „die in Wien große Reden schwangen" (26) – lassen Veit die Situation in seinem Elternhaus immer unerträglicher werden und nur mühsam offene Konfrontationen vermeiden. Daher nutzt er auch die Gelegenheit, seinen Genesungsurlaub beim Onkel in Mondsee zu verbringen.

Immer wieder wird in der ersten Hälfte von Veits Aufzeichnungen seine Entwurzelung, die tiefe Enttäuschung über sein aus der Bahn geworfenes Leben deutlich. Durch den Krieg ist ihm seine Jugend, eigentlich die Zeit für wichtige Lebensentscheidungen und Entwicklung der Persönlichkeit, gestohlen worden. Er verfällt in Hoffnungslosigkeit und Apathie, was ihm an seinem allein verbrachten Geburtstag in Mondsee noch einmal deutlich wird:

> „Danach legte ich mich aufs Bett und starrte zur Decke mit einem mehrfach untergrabenen Selbstgefühl, denn dieser Tag war der Tag, den ich mir als Grenze gesetzt hatte für den Beginn eines Hochschulstudiums. Er ging ereignislos vorbei. Ich war jetzt ein alter Esel, älter als meine Schwester Hilde bei ihrem Tod." (83)

In den ersten Monaten seines Aufenthaltes in Mondsee kann sich Veit zunächst mit der Verbesserung seiner kargen Behausung und bürokratischen Erledigungen ablenken, dann jedoch fühlt er sich auch hier „fremd und überflüssig" (156), obwohl ihm der kleine Ort durchaus gefällt. Spaziergänge zum Mondsee bereiten ihm aufgrund seiner Verletzungen Probleme und hellen seine Stimmung nicht auf. Er vermeidet engere Kontakte, zumal eine Annäherung an die Lehrerin Bildstein im Mädchenlager Schwarzindien scheitert, nimmt aber die Möglichkeit an, seinem Onkel bei Schreibarbeiten zu helfen, um überhaupt etwas Sinnvolles tun zu können. Der Onkel scheint zunächst für den Neffen eine Art Vertrauensperson zu sein, wenn auch auf eine eher oberflächliche

Veits Familiensituation wird unerträglich

Trauer über den Verlust seiner Jugend

Ambivalente Gefühle in Mondsee

Art. Doch nach und nach distanziert sich Veit von dessen angepasstem und ichbezogenem Verhalten, das jegliche kritische Meinungsbildung vermissen lässt.

Die eigentliche Vertrauens- und auch Vorbildfigur für Veit wird (obwohl er das wohl anfangs gar nicht realisiert) der Brasilianer, der ihn in seiner offenen, radikalen Gegnerschaft zum herrschenden System gleichzeitig verstört und fasziniert. Er entwickelt eine immer engere Beziehung zu dem älteren Mann, die ihn schließlich sogar zu einer ebenfalls radikalen Tat, nämlich der Tötung des Onkels und damit der Rettung des Brasilianers, bewegt.

Der Brasilianer wird zu Veits Vertrauensperson

Der Krieg lässt Veit eigentlich nie los: In der (noch) ruhigen Abgeschiedenheit Mondsees, das heißt, in der für Veit in dem Augenblick größtmöglichen Distanz zu aktiver Kriegsbeteiligung, überfällt ihn eine erste Angstattacke:

> „Ich hatte weiche Knie und zitterte, für einen Moment war alles aufgehoben, Zeit, Distanz, es gab kein Dazwischen, nichts, was mich beschützte. Bruchstücke der Vergangenheit fielen auf mich herunter und begruben mich, es war, als müsse ich ersticken." (39)

Immer wieder überfallen ihn Panikattacken sowie Albträume; es scheint, als ob seine entsetzlichen Kriegserlebnisse und die immer wieder erfahrene Todesangst sich erst in sein (Unter-)Bewusstsein drängen können, als er der akuten Kriegssituation entkommen ist. (In psychologischer Hinsicht würde man wohl den Begriff PTBS, posttraumatische Belastungsstörung, für dieses Phänomen verwenden.) Die Anfälle beunruhigen Veit zutiefst, er kann sie sich nicht richtig erklären, fragt sich, ob ihm ein endgültiger Zusammenbruch und eine Einweisung in die Psychiatrie bevorstehen (vgl. 140). Erst langsam begreift er, dass die Bilder und Ängste des Krieges wohl für immer Teil seines Lebens sein werden, „in meinem Körper gespeichert" (65), wie er es nennt. Um gleichwohl die wiederkehrenden Panikattacken zu überstehen und auch seinen wachsenden Aufgaben in Mondsee – besonders der Bewirtschaftung der Gärtnerei nach der Festnahme des Brasilianers – gerecht werden zu können,

Angst- und Panikattacken

Veit wird abhängig von dem berüchtigten Medikament Pervitin

lässt er sich schließlich vom Arzt das Mittel Pervitin verschreiben, das sehr schnell zur Abhängigkeit führt. Veit ist sich dessen bewusst, weiß aber auch, dass er bis auf Weiteres, vor allem in Stress- und Drucksituationen, darauf nicht verzichten können wird: „Beim Entgegennehmen des Vorrats [zwei Dosen Pervitin durch einen Sanitätsoffizier] überkam mich ein richtiger Hass auf diese Tabletten. Aber im Moment brauchte ich sie, leider." (441)

Die Liebesbeziehung mit Margot wird zum Mittelpunkt seines Lebens und lässt ihn optimistischer werden

Eine wichtige Veränderung in Veits Leben tritt ein, als sich zwischen ihm und seiner Zimmernachbarin Margot nach einiger Zeit eine Liebesbeziehung entwickelt. Zuvor hatte er sich offenbar schon in die Lehrerin Bildstein verliebt, aber nach ihren schroffen Zurückweisungen schnell resigniert. Veit hat keine Erfahrungen mit Liebe und Sexualität und empfindet es als großes Glück, dass Margot frei und offen damit umgehen und auch darüber reden kann. Sie sprechen viel miteinander und scheuen auch vor schwierigen Themen (Veits Kriegserfahrungen, Margots Gefühle zu ihrem Ehemann) nicht zurück. So werden Margot und die Beziehung zu ihr zum Mittelpunkt von Veits Leben. Einmal erlaubt er sich sogar Vorstellungen von einer glücklichen gemeinsamen Zukunft: „Warum nicht? Neben Margot hatte ich die Hoffnung, ein normaler Mensch zu werden, ein Mensch wie andere normale Menschen." (281)

Belastete Idylle

Veits Erfahrungen, seine drohende Wiedereinberufung und die Entwicklung der gesamten Kriegssituation beeinträchtigen allerdings ständig ihr fast idyllisches Zusammensein (Veit nennt es „ängstliche[r] Schwebezustand", 290), so dass er versucht, nur auf die Gegenwart zu schauen:

> „Die Zukunft? An eine große Zukunft konnte ich nicht mehr glauben, ich hatte gelernt, der großen Zukunft zu misstrauen. Und deshalb kam mir die kleine Zukunft gerade recht." (203 f.)

Nachdem Veit zweimal seine Zurückstellung erreicht hat, einmal sogar durch die Fälschung eines offiziellen Dokuments, muss er sich klar darüber werden, dass sein „unauffällige[r] Mittelweg" (356), sich „den Krieg so lange vom Leib zu halten" (ebd.), nicht mehr lange gelingen kann. Da erscheint ihm der erneute Befehl zur Untersuchung in Wien fast wie eine Erleichterung, eine Befreiung aus einer ihn bedrückenden und aggressiv machenden Ungewissheit. Er will endlich eine Entscheidung, wie sein Leben weitergehen soll, auch wenn das wohl heißt, dass er wieder am Krieg teilnehmen muss.

Veit akzeptiert schließlich auch seine erneute Einberufung an die Front

Bei der Untersuchung in Wien versucht Veit in der Auseinandersetzung mit dem Arzt noch einmal, auch durch Bestechung mit Margots Geld, zumindest eine bedingte Verwendungsfähigkeit zu erreichen, aber die Hoffnung erweist sich als trügerisch: Er wird als feldtauglich eingestuft. Zunächst schockiert, akzeptiert er den Beschluss dieses Mal schnell, holt noch einige Vergünstigungen für sich heraus: einen Vorrat Pervitin, eine neue Uniform und die Erlaubnis, sich von Margot und seinem angeblich unehelichen Kind zu verabschieden.

Veit wirkt reifer, erwachsener, auch entschlossener: Er befreit sich endgültig aus der konfrontativen Beziehung zu seinem Vater, was wohl den Bruch mit der Familie bedeutet. Er sucht beharrlich nach Kurt Ritler und übergibt diesem dessen Briefe an Nanni, auch wenn es ihm nicht wirklich gelingt, den Jungen aufzubauen. Schlussendlich akzeptiert Veit, dass er – egal ob und wie sein Leben weitergeht – immer ein Teil des Krieges bleiben wird.

Die Beziehung zu Margot hat ihn reifer und stärker gemacht

Gleichzeitig hat er nun die Kraft, Margots Glauben an eine gemeinsame Zukunft („‚Hundert Prozent‘, sagte sie ganz ruhig", 464) zu teilen. Die beiden treffen konkrete Verabredungen über mögliche Kontaktaufnahmen nach Kriegsende und Veit erkennt – wenn auch „in unaufhörlicher Verwunderung" (464) – die Ernsthaftigkeit und Stärke ihrer Beziehung: „[…] das Unhaltbare unserer Beziehung hatte etwas Haltbares bekommen" (ebd.). Sein Urteil über die eigene Rolle als Soldat in einem sinnlosen und grausamen Krieg hat sich zwar nicht geändert, aber nun hadert er nicht mehr mit der ihm dadurch gestohlenen Zeit, sondern weiß, dass dies – auch im Hinblick auf die Zukunft – genau wie der Aufenthalt in Mondsee für immer ein nicht abgeschlossener Teil seines Lebens bleiben wird. In den „Nachbemerkungen"

Er akzeptiert den Krieg als Teil seines Lebens

Veits weiteres
Schicksal

wird deutlich, dass sich die Hoffnung Veits auf eine gemeinsame Zukunft mit Margot erfüllt: Nachdem er sich kurz vor Kriegsende von seiner Einheit entfernt und in Mondsee überlebt hat, heiraten die beiden später und haben zwei gemeinsame Kinder. Selbst ein Studium der Elektrotechnik hat er noch absolviert und ist international für die Firma Siemens tätig gewesen.

Lore Neff (Margots Mutter)

KURZINFO

Die in Darmstadt Zurückgebliebene
- Frau Neffs Briefe sind sowohl Spiegel der Kriegssituation in einer größeren deutschen Stadt als auch Möglichkeit des Kontaktes mit der Familie.
- Sie wirkt hart, pragmatisch, kaum emotional, zeigt aber zunehmend psychische Erschütterungen.
- Sie sorgt sich um ihre Töchter, ist aber auch überfordert und verärgert über deren materielle Wünsche.

Margots Mutter
steht stellvertretend für viele
individuelle
Schicksale in einer
vom Bombenkrieg
betroffenen Stadt

Die Briefe Lore Neffs an ihre Tochter Margot geben nicht nur einen Einblick in die Lage der Zivilbevölkerung der größeren deutschen Städte im letzten Kriegsjahr und die materiellen wie seelischen Schäden durch die Bombenangriffe der Kriegsgegner. Auf einer persönlichen Ebene zeigen sie auch das repräsentative Bild einer Familie, die durch den Krieg auseinandergerissen und deren Mitglieder in alle Winde zerstreut wurden: der Ehemann im Kriegsdienst, die ältere Tochter mit ihrem Neugeborenen zur Sicherheit auf dem Land in Mondsee, die jüngere Tochter zum Arbeitsdienst in Berlin verpflichtet.

Die Mutter, die in der Heimatstadt Darmstadt zurückgeblieben ist, hat durch das Briefeschreiben die einzige Möglichkeit, mit ihren abwesenden Lieben zumindest sporadischen Kontakt aufrechtzuerhalten, der durch die gestörten Postwege auch noch zunehmend erschwert wird. Gleichzeitig sind die Briefe auch eine Möglichkeit, den eigenen Gefühlen angesichts der Kriegserlebnisse Ausdruck zu verleihen.

Dem äußeren Anschein nach ist Lore Neff eine zähe, widerstandsfähige und keine harte Arbeit scheuende

Person. Da die Familie offensichtlich etwas außerhalb von Darmstadts Innenstadt wohnt, ist ihr Anwesen, das neben dem Haus auch wohl Stallungen mit Hasen und Ziegen und einen Garten bzw. Acker für Obstbäume, Kartoffeln und Gemüse umfasst, zunächst von den massiven Bombenangriffen auf Darmstadt nicht betroffen, auch später sind die äußeren Schäden eher gering. Trotz ihrer immer mal wieder erwähnten Probleme mit ihren Beinen (vermutlich bereits Symptome der Diabetes, an der sie viel später sterben wird) versucht Frau Neff ihrer häuslichen Alltagsroutine nachzugehen. Sie klagt vor allem über die immer größer werdende Knappheit an Lebensmitteln und Materialien. Dass sie dabei die eigentliche Tatsache einer Kriegssituation und ihrer Entstehung fast wie selbstverständlich hinnimmt, zeigt Härte, aber auch nicht hinterfragte Akzeptanz: „[…] man lebt eben im Krieg." (88) Es ist schwer zu ergründen, ob diese Härte in ihrer Persönlichkeit angelegt ist, durch autoritäre Erziehung und Ideologie antrainiert oder durch die konkreten Kriegserlebnisse hervorgerufen wurde.

> Lore Neff ist zäh, pragmatisch, macht für sich das Beste aus der Situation

Allerdings wird deutlich, dass sie mit dem sich zuspitzenden Kriegsverlauf auch psychisch angegriffen ist. Das liegt zum einen an den ständigen Alarmen und Aufenthalten im Luftschutzkeller: „Ich bin in letzter Zeit schon ganz nervös geworden und sehe mit Angst jedem Abend entgegen." (87) Als die Bombardierungen zunehmen, der größte Teil Darmstadts zerstört ist und unzählige Todesopfer – auch in Frau Neffs nächster Verwandtschaft und Bekanntschaft – zu beklagen sind, schildert sie dies größtenteils in emotionslosem Stakkato-Stil, sicherlich auch ein Zeichen für eine Art Verdrängung ihrer Ängste und Schrecken, ein Selbstschutz. Sie kann nicht mehr allein sein und ist froh, wenn jemand, z. B. die ‚ausgebombte' Frau Bader oder eine Bekannte, bei ihr übernachtet:

> Sie ist aber zunehmend auch psychisch belastet

> „Jetzt fängt auch bei mir die Budenangst an, und es wirbelt in meinem Kopf. Wenn's besonders schlimm ist, bitte ich Lulu, dass sie bei mir übernachtet." (374)

Die Sorge um die abwesenden Familienmitglieder, vor allem ihre Töchter, wird in den Briefen ebenfalls deut-

Lore Neff sorgt
sich um ihre
Töchter, ist aber
auch verärgert
über deren
Wünsche

lich. Einerseits nimmt sie Anteil an Margots Leben in Mondsee, stellt viele Fragen und kommentiert deren Briefe. Sie geht auch immer wieder auf die Bitten ihrer Töchter ein und versucht diese, so weit als möglich, zu erfüllen. Andererseits erregt sie sich aber auch über deren (in ihren Augen) unrealistische Luxus-Wünsche und verlangt von ihnen die gleiche Härte und Lebenstüchtigkeit, die sie selbst an den Tag legt, z. B. schreibt sie an Margot:

> „Du wirst eben auch an Erfahrungen und Enttäuschungen reicher in dein Elternhaus zurückkehren und hast dein schönes Elternhaus jetzt hoffentlich schätzen gelernt und willst nicht mehr weg." (91)

> „Aber dass du sagst, wenn ich dich sehen könnte, hätte ich Grund, dich zu loben, das kann ich nicht glauben, ich habe in meinem Leben so viel gearbeitet, dass ich keinen Grund sehe, jemanden fürs Arbeiten zu loben." (277 f.)

Hier wie auch an anderen Stellen (vgl. 95 f., 375 f., 382) schimmert eine gewisse Verbitterung der Frau durch, wenn sie über ihren Mann und ihre Töchter sagt, vielleicht wüssten sie jetzt einmal zu schätzen, was sie an ihr und ihrem Heim haben.

Auffällig ist Frau Neffs Schilderung ihrer Gefühle, als sie von einem Unwetter schreibt, das sie draußen überraschte:

> „Halte mich bitte nicht für verrückt, liebe Margot, immer wenn die Elemente toben, werde ich so froh, so voller überschäumender Lebenskraft." (379)

Sie fühlt sich
lebendig in einem
Unwetter

Die entfesselte, in diesem Augenblick fast gewaltsame Natur scheint für Frau Neff ein positiver, ermutigender Kontrast zur von den Menschen entfesselten Gewalt und Zerstörung des Krieges zu sein. Dies ist auch der Augenblick, in dem sie sich die Vorstellung einer besseren Zukunft erlaubt: „Nie fortmüssen von Darmstadt, die Stadt wieder aufbauen, euch Kinder wieder im Haus, paar Enkel spielen im Garten." (Ebd.) Im Gegensatz zu ihrem noch kurz vor Ende des Krieges gefallenen Ehemann lebt Lore Neff tatsächlich noch sechzehn Jahre bis zu ihrem durch Diabetes verursachten Tod und hat zu der Zeit fünf Enkel.

Kurt Ritler

Der Verliebte

- Kurt ist glücklich in seine Cousine Nanni verliebt und freut sich auf ein Wiedersehen.
- Als Nanni verschwindet und er eingezogen wird, verfällt er immer mehr in Angst und Pessimismus.
- Nach Nannis Tod und durch seine Eindrücke vom Kriegsgeschehen verliert er jegliche emotionale Stabilität und rechnet nicht mehr mit dem Überleben.

In den Texten des siebzehnjährigen Wiener Schülers Kurt Ritler ergibt sich nach und nach das traurige Bild eines ursprünglich hoffnungsvollen jungen Mannes, der seine Zukunftsperspektive verliert. Auch in seinem Fall stellen die Briefe die einzige Möglichkeit der Kontaktaufnahme mit einer durch die Kriegssituation abwesenden Person dar. Allerdings ändert sich der Adressat: Sind die ersten zwei Briefe noch an seine Cousine Nanni gerichtet (die zur Zeit des zweiten Briefes bereits vermisst wird), so schreibt Kurt den dritten an seinen engsten Freund Ferdl, wobei erst in der zweiten Hälfte deutlich wird, dass er von Nannis Tod erfahren hat.

Kurt ist 17, zunächst unbeschwert, verliebt in seine Cousine Nanni

Zunächst macht Kurt den Eindruck eines typischen Jugendlichen: Er ist – wahrscheinlich zum ersten Mal – verliebt, alles dreht sich um seine fast vierzehnjährige Cousine Nanni, mit der sich eine noch romantisch-unschuldige Beziehung zu entwickeln begonnen hat. Seine jüngere Schwester Susi geht ihm auf die Nerven, mit seinen Eltern gibt es ständig Streit. Er meidet daher sein Zuhause und ist oft draußen oder im Kino, offensichtlich ein Faible von ihm. In Bezug auf die schulischen Anforderungen setzt er sich erst ein, als eine Besuchserlaubnis für die geliebte Nanni in Schwarzindien winkt. In diesem Zusammenhang zeigt sich auch sein Witz, sein locker-unbeschwerter Geist:

Ein typischer Jugendlicher?

> „Achtung! Achtung! Sondermeldung! Das Oberkommando im Grassingerhof gibt eine wichtige Neuigkeit bekannt: Das Ansuchen von Kurt Ritler, zu Ostern eine Fahrt an den Mondsee machen zu dürfen, ist von seinem Vater bewilligt worden unter dem Vorbehalt, dass sich im Trimesterzeugnis kein *mangelhaft* befindet." (101)

Nanni und Kurt schmieden gemeinsame Pläne

In dieser kleinen Persiflage auf den offiziellen NS-Sprachgebrauch wie auch an anderen Stellen wird deutlich, dass für Kurt der Krieg emotional noch recht weit entfernt ist. Der junge Mann ist ganz und gar in seine Gedanken an Nanni vertieft, verbunden mit allen Zutaten eines romantisch Verliebten: kleine Eifersüchteleien, schöne Erinnerungen an gemeinsame Unternehmungen, Sehnsucht und Trennungsschmerz, Pläne für eine gemeinsame Zukunft nach Kriegsende. Die Berge scheinen ihn zu faszinieren, und so geht er immer wieder auf die gemeinsame Besteigung der Drachenwand ein, die für seinen Besuch bei Nanni zu Ostern geplant ist.

Kurts Einberufung verhindert ein Wiedersehen

Dass dieser Besuch nie zustande kommt, liegt nicht an dem später ausgesprochenen Verbot jeder weiteren Kontaktaufnahme zu Nanni durch die Eltern (darüber hätte sich Kurt hinweggesetzt), sondern (wie der Leser im zweiten Brief an Nanni erfährt) an der plötzlichen Einberufung zu einem Lehrgang des Wehrbezirkskommandos. Dadurch und weil Nanni zum Zeitpunkt des zweiten Briefes bereits seit Längerem vermisst ist, hat sich Kurts Stimmung verdüstert. Zudem verschlechtert sich die Beziehung zu seinen Eltern weiter, die angesichts des sich nähernden Kriegsgeschehens immer nervöser werden. Auch Kurt selbst ist in seiner Position als „Horcher", d.h. Flakhelfer an einem Richtungshörer, jetzt nicht mehr davor gefeit: „Ich hatte große Angst, als die Bomben auf unsere Stellung fielen." (234)

War seine Aufgabe als „Horcher" anfangs noch eher langweilig und gab ihm Gelegenheit zu Tagträumen („Und dann ist es mir, als wäre ich mitten im Schwarm [der Krähen] auf dem Weg zu dir", 233), so wird Kurts Flakstellung bei Schwechat bald aufgrund der dortigen schweren Bombenangriffe unmittelbar betroffen. Seine Lockerheit und Heiterkeit sind verschwunden, erschüttert berichtet er von den Opfern und Schäden der Angriffe. Dabei scheint manchmal Resignation durch. Auch die zwischenzeitlichen Ruhephasen, Ablenkungen durch Spiele oder Schwimmen und die Annäherung an Nannis traurige Mutter bieten Kurt wenig Rückhalt und inneren Frieden.

Direkte Konfrontation mit Kriegssituationen

Als er dann schließlich nach weiteren Monaten zu einer „Volksgrenadier-Division" einberufen und mit den Kameraden nach Hainburg im Osten transportiert wird, zeigt sich im Brief an Ferdl seine depressive Stimmung immer deutlicher, verstärkt durch die anfangs noch herrschende Ungewissheit über Nannis Schicksal. Kurts Leben als Soldat ist gekennzeichnet von unsinnigem Drill, lähmender Untätigkeit und dann wieder schwerer Arbeit bei eisigen Temperaturen, während sich die Front aus Osten nähert.

Als er endlich Gewissheit hat, dass Nanni tot ist, beginnt sein innerer Zusammenbruch, auch wenn er nach außen seine Erschütterung nicht mitteilt. Sein Verhalten, seine Äußerungen zeugen – trotz der immer wieder auftretenden Todesangst angesichts des Kriegsgeschehens – von Abgestumpftheit, innerer Erstarrung, Fatalismus. Erinnerungen an Nanni tauchen immer mal wieder in seinen Gedanken auf, aber sie bergen keinerlei Hoffnung auf eine Zukunft mehr. Auch die Begegnung mit Veit, der ja immerhin Nanni kannte, wird von Kurt nur kurz und fast gleichgültig angesprochen. Auffällig ist, dass Veit diese in seinen Aufzeichnungen viel ausführlicher schildert und detailliert auf Kurts Verhalten und Äußerungen über Nanni eingeht. Es entsteht aber keine Verbindung zwischen den beiden, die Begegnung kann keinen Trost spenden und beinhaltet für Kurt nur kurze Augenblicke des glücklichen Erinnerns, bevor er in seine starre, gleichgültige Haltung zurückfällt.

Nannis Tod lässt Kurt jegliche Lebensfreude verlieren

Schließlich vermacht er seinem Freund Ferdl als einzig verbliebener Vertrauensperson vor dem Abtransport an die Front seine wichtigsten Besitztümer (vgl. 394). Am Ende ist er nur noch Soldat inmitten entsetzlicher Kriegsgeschehnisse, der akzeptiert hat, dass er wahrscheinlich keine Zukunft haben und nie mehr etwas über das Leben lernen wird, was er sich doch so sehr gewünscht hat. Durch die „Nachbemerkungen" am Ende des Romans erfährt der Leser in der Tat, dass Kurt in den letzten Wochen des Krieges an einer schweren Verletzung gestorben ist.

An der Front erlebt er am Ende den Horror des Krieges und kommt um

Oskar Meyer

Der Verlorene

- Mit seiner Familie erlebt Oskar Meyer in Wien zunächst die materielle Ausbeutung und soziale Ausgrenzung der Juden durch die Nationalsozialisten.
- Die Flucht nach Budapest bringt für ihn und seine Familie zwar Einschränkungen, aber auch ein Gefühl von Sicherheit.
- Aber die Situation verschlechtert sich zusehends, und nach dem Einmarsch der Deutschen in Ungarn wird auch die Lage der Juden immer prekärer.
- Seine Frau und sein Sohn werden verschleppt, er selbst schließt sich aus Verzweiflung einer Arbeitskolonne nach Westen an, wo sich in der Nähe von Hainburg seine Spur verliert.

Repräsentatives Schicksal einer jüdischen Familie im Dritten Reich

In der Figur des Wiener Zahntechnikers Oskar Meyer und seiner Familie wird ein erschütterndes Beispiel für die fast unvorstellbaren Leiden der jüdischen Bevölkerung unter der nationalsozialistischen Herrschaft vermittelt. Die verzweifelten Briefe bzw. Aufzeichnungen Oskars folgen der Spur einer immer gefährlicheren Odyssee, die anstatt zur Rettung am Ende ins Verderben führt.

Oskar ist zu Beginn der Aufzeichnungen vermutlich um die 40 Jahre alt, er hat eine Ehefrau, Wally, und zwei Söhne, von denen sie dem älteren, Bernhard, noch früh genug zur Ausreise in eine Pflegefamilie nach England verhelfen konnten. Nach dem ‚Anschluss' Österreichs an das nationalsozialistische Deutschland wird aus dem offensichtlich gut situierten und gesellschaftlich assimilierten jüdischen Wiener Bürger – wie auch aus allen anderen Juden im dann sogenannten ‚Großdeutschen Reich' – ein Ausgegrenzter. Bürokratische Stigmatisierung wie der aufgezwungene zweite Vorname, das „J" auf dem Pass und später der gelbe ‚Judenstern' an der Kleidung, Verlust der Wohnung und eines Großteils der Besitztümer, die weit unter Wert verkauft bzw. versteigert werden, Ausschluss vom öffentlichen Leben – dies alles ruiniert Oskars sicher geglaubte Existenz.

Prekäre Lage in Wien

Obwohl der latente Antisemitismus der nichtjüdischen Bevölkerung jetzt auch ihm gegenüber offen zutage tritt, bleiben Oskar und seine Frau lange Zeit eher passiv und ergeben, zum Teil auch weil sie Wien als ihre Heimat verstehen. Sie sind damit repräsentativ für viele, zumeist ältere Juden, die lange in dem Irrglauben verblieben, es werde ‚schon alles nicht so schlimm werden‘. Immer wieder finden sie Gründe, die sie an einer Auswanderung hindern. Erst als die Situation sich immer weiter zuspitzt, agiert Oskar, der sich selbst als unentschlossen, risikoscheu und „ziemlich überfordert" (120) charakterisiert, und organisiert die illegale Flucht nach Ungarn.

Dort lebt die Familie die ersten zwei Jahre in einem Gefühl von Entspannung und Sicherheit. Die ärmliche und beschränkte Wohnsituation bei Oskars Bruder, die Notwendigkeit neuer, gefälschter Papiere, um nicht als ausländische Juden erkannt zu werden, nehmen sie schon fast als Selbstverständlichkeit hin. Dafür wird Georg der Schulbesuch ermöglicht und er schließt sich anderen Kindern an. Oskar, der immer wieder Gelegenheitsarbeiten findet, lernt Ungarisch und genießt es wohl auch: „Den Filmen im Kino kann ich folgen und auch mit den Leuten Konversation machen, das macht mir viel Freude." (249) Er scheint in Budapest besser angekommen zu sein als seine Frau Wally.

Gefühl der Sicherheit nach der illegalen Flucht

Aber das Gefühl der Sicherheit erweist sich als trügerisch. Die ständigen Erkrankungen Georgs und auch Oskars eigene zunehmende Kraftlosigkeit angesichts von Gewichtsverlust und schwerer Arbeit lassen ihn wieder in sein bekanntes Selbstbild zurückfallen: „Leider bin ich ein Mensch, der ein ruhiges Leben braucht und so in mancher Hinsicht den Kampf nicht aufnehmen kann." (250) Von seiner Cousine Jeannette erfleht er demzufolge nicht nur materielle, sondern auch seelische Hilfe: „[…] bitte, bitte schreibe mir ein paar Zeilen, mach mich glücklich, damit ich in dieser traurigen Zeit wieder einmal einen Lichtblick habe." (Ebd.)

Auch in Budapest wird die Situation für die jüdische Bevölkerung immer schwieriger

Nach dem Einmarsch der Deutschen in Ungarn breiten sich in Budapest Angst und Chaos aus, jeder ist nur noch mit sich und seiner eigenen Sicherheit beschäftigt: „Auch menschlich steht die Stadt im letzten Ausverkauf." (251) Von diesem Zeitpunkt an sind auch die Juden wieder besonders gefährdet; Oskar führt ab jetzt im wahrsten Sinne ein Schattendasein, nur damit beschäftigt, nicht aufzufallen, sich nicht zu verraten. Trotz der Warnungen geflohener polnischer Juden vor den Gräueltaten der Deutschen und obwohl auch sein Bruder schließlich die Stadt verlässt, verharrt Oskar wieder in einem Zustand von Lethargie, Abwarten, Ungläubigkeit gegenüber den Erzählungen von Vernichtungslagern und nur halbherzigen Fluchtplanungen. Er beschreibt seinen körperlichen Verfall (vgl. 256) und seine Äußerungen zeugen von tiefer Verzweiflung:

Gerüchte von Gräueltaten und Vernichtungslagern in Polen

> „Ein heimatloser Flüchtling, ein heimat- und staatenloser Mensch, unter falschem Namen, mit falschen Papieren, mit falschem Blut, in der falschen Zeit, im falschen Leben, in der falschen Welt." (Ebd.)

Oskars Frau und Sohn werden verschleppt

Der absolute Tiefpunkt seiner bisherigen Existenz ist erreicht, als seine Frau und sein Sohn verschwinden und ihm mehr oder weniger deutlich vermittelt wird, dass er sie wohl nicht wiedersehen wird. Die Grundlage seines Lebens ist ihm genommen, er sieht keinen Sinn mehr, versinkt in eine tiefe Depression, möchte selbst nicht mehr leben. Trotz dieser unerträglichen Einsamkeit und wiederkehrender Schuldgefühle, dass er Wally und Georg nicht retten konnte, lässt ihn schließlich der Gedanke an den geretteten Sohn in England weiterleben. Nur seine Existenz als Oskar Meyer hat er mit der Annahme einer neuen Identität verdrängt, er erklärt der Cousine gegenüber Oskar Meyer als nicht mehr erreichbar, „da er ja verschollen oder gestorben ist" (263). Er sei jetzt Milch Sándor.

Wachsende Bedrohung

Oskars verbleibende Zeit in Budapest steht ganz im Zeichen der Bedrohung durch die rassistischen, Juden mit grausamer Härte terrorisierenden faschistischen „Pfeilkreuzler". Trotz der unerträglichen Wohnsituation zieht Oskar sich in eine Art innere Isolation zurück, sorgt nur noch – zumeist bettelnd – für sein eigenes Überleben, ist zu seinem Erschrecken sogar froh, wenn andere verprügelt werden und nicht er. Trotz immer wieder aufkommender Todesangst scheint er zu erstarren, wird zum passiven Beobachter, kaum zu Empathie fähig. Dies wird besonders deutlich, als er die brutale

Tötung eines jungen Juden durch eine Gruppe Faschisten mit Resignation und Fatalismus kommentiert: „Ich glaube, einem Mörder gehört die Gegenwart wie sonst niemandem, ich glaube, deshalb wird es immer Mörder geben." (407)

Angesichts des bevorstehenden Einzugs der deutschen Wehrmacht in Budapest, das einem „Heerlager" (409) gleicht, und der Auflösung jeglicher menschlicher Solidarität auch unter den gefährdeten Juden sieht Oskar nur noch den Weg nach Westen in dem Einsatz als „Schanzer", erlaubt sich dadurch sogar einen Funken Hoffnung auf ein ziviles Leben nach dem Krieg. Er, der schon mehrfach die Namen und Identitäten gewechselt hat, hält nur noch durch seine Aufzeichnungen und Wallys Halstuch, das er immer in seiner Jackentasche und später bei der Schanzerarbeit offen trägt, innerlich an seiner früheren Existenz fest. Auf dem beschwerlichen und für einige bereits tödlichen Fußmarsch in Richtung Westen in einer gesichtslosen Landschaft konzentriert er sich wie alle anderen auf das gleichmäßige Vorwärtsmarschieren, blendet die Erschießungen der Zusammengebrochenen durch die Wachleute, die Auflösung jeglicher Würde und Humanität aus. Ein intensiver nächtlicher Traum, in dem Wally ihm noch einmal erscheint und ihm verzeiht, gibt Oskar die Kraft zum Weiterleben. Allerdings deutet die Beendigung der Aufzeichnungen mit den nur noch an den Rand gekritzelten Sätzen auf das Ende dieses zerstörten Lebens hin: Oskar wird auf dem Weg ins KZ Mauthausen ermordet.

Flucht aus Budapest nach Westen bedeutet Weg in den Tod

Der Verfasser der „Nachbemerkungen"

Der Chronist
- Er informiert den Leser über das weitere Schicksal der Hauptfiguren.
- Der dokumentarische Stil verstärkt den Eindruck, es habe sich dabei um reale Personen gehandelt.

Das Schlusskapitel des Romans wird von einem vorher noch nicht aufgetretenen Erzähler – ebenfalls in Ich-Form – berichtet. Er gibt sich als Verfasser der Nachbemerkungen aus, der aus einer gegenwärtigen Perspektive („da ich dies schreibe", 477) Informationen über die weiteren Lebensläufe der handelnden Figuren vermittelt. Mit seinen detaillierten Zeit-, Orts- und Adressenangaben verleiht er ihnen eine quasi-reale Biografie und zeigt damit auch repräsentativ auf, dass für die Überlebenden das Ende des Krieges nicht ein Anfang, sondern eher ein Weiterleben im Frieden war. Ganz im Sinne der „Authentizitätsfiktion" (Iris Radisch, „*Unter der Drachenwand*": Stimmen des Krieges", in: *Die Zeit*, 11. Januar 2018, https://www.zeit.de/2018/03/unter-der-drachenwand-arno-geiger), zu der auch der knappe, aufzählende, dokumentarische Stil des Verfassers beiträgt, wird erneut die Grenze zwischen Realität und literarischer Fiktion verwischt – die Frage, was auf realen Quellen beruht und inwieweit die Schicksale erfunden wurden, lässt der Verfasser der Nachbemerkungen in der Schwebe. Ebenso bleibt offen, ob er mit dem Autor des Romans identisch ist.

„Authentizitäts-fiktion"

Bezugspersonen der erzählenden Figuren

Margot

> **KURZINFO**
>
> **Die Liebevolle**
> - Margot hat überstürzt geheiratet und ist mit ihrem neugeborenen Kind in Mondsee evakuiert.
> - Sie und Veit helfen sich gegenseitig und kommen sich dabei langsam näher.
> - Ihre Liebe zu Veit gibt diesem Halt, ein neues Selbstbewusstsein und einen positiven Blick in die Zukunft.

Mit neugeborener Tochter im Exil in Mondsee

Margot ist eine junge, verheiratete Frau aus Darmstadt, die mit ihrem erst wenige Wochen alten Kind in Mondsee im Zimmer neben Veit wohnt. Im Rahmen der sogenannten „Erweiterten Kinderlandverschickung" wurden nicht nur Kinder, sondern auch Mütter mit Kleinkindern aus den zunehmend von Luftangriffen heimgesuchten Städten in Unterkünfte auf dem Lande evakuiert. Margots Ehemann stammt aus der Nähe von Mondsee, er befindet sich im Kriegseinsatz. Die Heirat ist auf ungewöhnliche, wenn auch in der Kriegssituation nicht unübliche Weise zustande gekommen: Auf einem Zettel warfen Soldaten ihre Feldpostnummern aus dem Zug, so auch Ludwig, dessen Adresse zu Margot kam. Aus einem Briefwechsel ergab sich ein Treffen, es folgten schnelle Heirat und Schwangerschaft. Diese Ehe ist zunächst für beide von Vorteil: Verheiratete Soldaten, noch dazu mit Kindern, bekommen öfter Fronturlaub – und Margot empfand sie anfangs als willkommene Gelegenheit, ihrem strengen Elternhaus und ihrer schweren Arbeit zu entkommen (vgl. 194 f.). In Mondsee wird ihr allerdings klar, dass sie einen Fehler gemacht und nicht den richtigen Mann geheiratet hat. Dies macht sie letzten Endes bereit für eine Beziehung mit Veit.

In der ersten Zeit wirkt Margot sehr unglücklich, Veit hört sie mehrmals weinen. Dankbar nimmt sie gelegentlich Veits Hilfe an, z.B. als ihre kleine Tochter Lilo, mit der sie außerordentlich liebevoll umgeht, eine Heizsonne braucht. Sie und Veit teilen die Widrigkeiten ihrer Unterkunft und ihre Antipathie gegen die Quartierfrau. Nach und nach beginnt Margot, ebenso wie Veit, die Situation zu akzeptieren und sich in Mondsee in gewisser Weise sogar heimisch zu fühlen. Der Kontakt der beiden wird enger, sie geht Veit gegenüber offen mit ihren Gefühlen, vor allem auch ihrem Mann gegenüber, um. Dies ist für ihn eine neue, gute Erfahrung:

> „Wir hatten ein seltsames Verhältnis oder besser gesagt, ich empfand es als seltsam, weil wir so natürlich miteinander umgingen, nicht so gekünstelt und steif wie in der Jugend." (196)

Gleichzeitig ist Margot pragmatisch und tatkräftig (nicht unähnlich ihrer Mutter): Ohne Aufforderung packt sie mit an, als Veit während der Haft des Brasilianers dessen Gewächshaus und Geschäft übernehmen muss. Dazu ist sie als gelernte Versicherungskauffrau in der Lage, Veit „alles Geschäftliche" (190) abzunehmen. Ihr Umgang mit der von den Polizisten schwer verletzten Hündin des Brasilianers zeugt einmal mehr von ihrem liebevollen Zugang zu hilflosen und bedürftigen Wesen.

Die Liebesbeziehung mit Veit entwickelt sich langsam, dafür umso tiefer und intensiver. Margot ist offensicht-

Margot und Veit nähern sich immer mehr einander an

Tatkräftig, hilfsbereit, liebevoll

lich sexuell erfahrener und selbstbewusster als Veit, kann ihm gewissermaßen als „Lehrerin" helfen. Gleichzeitig stärken ihre Gegenwart und ihre Gefühle, ihr absichtsloser, nicht erzieherisch wirkender Umgang mit ihm sein Selbstbewusstsein und lassen ihn endlich wieder Phasen von Zufriedenheit und Glück empfinden.

Margots Liebe und Stärke lassen Veit wieder optimistisch werden

Mehr noch: Margots Stärke und rückhaltlose Liebe, ihr fester Glaube an die Beziehung und eine gemeinsame Zukunft bringen Veit am Ende dazu, seine neuerliche Einberufung zu akzeptieren – auch weil sie beide davon ausgehen, dass der Krieg bald zu Ende sein wird. Dank Margots immer wieder geäußerter Gefühle, mit Veit glücklich zu sein, entwickelt er sogar eine optimistische Zukunftsvorstellung: „Ich werde überleben. Und später, wenn alles wieder normal ist, werde ich irgendwie die Jahre retten, die ich verloren habe." (473) Dies gelingt den beiden tatsächlich, sie teilen ein langes gemeinsames Leben und Margot ist sogar – laut den „Nachbemerkungen" – zu dem Zeitpunkt der Veröffentlichung 95 Jahre alt.

Der Brasilianer (Robert Raimund Perttes)

KURZINFO

Der Widerständige

- Der Brasilianer ist ein Einzelgänger, der sich in seiner Gärtnerei Schönheit und Wärme bewahrt.
- Sein vernichtendes Urteil über die Nationalsozialisten und ihre Anhänger bringt ihn immer wieder in Lebensgefahr.
- Für Veit wird er zur wichtigen Bezugsperson und befreit ihn aus seiner Passivität.

Ständiger Streit mit Schwester und Schwager

Perttes, der Bruder von Veits und Margots Quartierfrau Dohm, hat viele Jahre in Brasilien gelebt (daher auch sein Spitzname), ist aus familiären Gründen zurückgekehrt und bewirtschaftet die Gärtnerei neben dem Hof in Mondsee. Mit seiner Schwester und deren Ehemann verbindet ihn nur noch eine tiefe Abneigung und er wünscht sich nichts mehr, als das Leben in Mondsee hinter sich zu lassen und nach Brasilien zurückzukehren.

Der Brasilianer ist ein Einzelgänger und hat sich in seinem Gewächshaus eine kleine utopische Gegenwelt zur Situation um ihn herum geschaffen. Er baut dort nicht nur Tomaten und Gurken an, sondern züchtet auch Orchideen als „der einzige Anbieter äquatorialer Orchideen in der Ostmark" (68). Für ihn sind diese Blumen ebenso wie alle Pflanzen mehr als ein Gelderwerb, sie bedeuten Schönheit und Empfindlichkeit, so dass er auch die Nächte im Gewächshaus verbringt und für Wärme sorgt, damit die Pflanzen nicht erfrieren. Dazu hört er die elegische, für Veit zunächst fremdartige Gitarrenmusik des Komponisten Villa Lobos und träumt von Brasilien, seinem Sehnsuchtsort. Die einzige enge Beziehung hat er zu seiner Hündin.

Der Brasilianer hat sich in seiner Gärtnerei ein Idyll gegenüber der verhassten Umgebung geschaffen

Für Veit wird der Brasilianer mehr und mehr zu einer Bezugsperson, nachdem er wegen eines Alptraums eine Nacht in der beruhigenden Wärme und bei der faszinierenden Musik verbracht hat. Immer wieder sucht Veit die Nähe des Brasilianers, auch wenn ihn dessen schwärmerische Erzählungen von Brasilien zunächst verwirren oder langweilen. Mit Sorge nimmt Veit wahr, dass der Brasilianer seine Abneigung gegenüber dem NS-Regime und dessen Ideologie offen und ungeschützt äußert, z. B. gegenüber den landverschickten Mädchen:

Er wird zur zweiten wichtigen Bezugsperson für Veit

> „In Brasilien vermischen sich die Rassen ganz selbstverständlich. Dort gibt es viele Mischlinge, das ist dort normal. Wer bei der Einschätzung von Menschen Rasse zur obersten Kategorie erhebt, höher als jede andere menschliche Eigenschaft, Intelligenz, Geist, Takt, Talent, gibt keinen Beweis seiner Überlegenheit." (173 f.)

Auch mit seiner Verachtung gegenüber den NS-Führungsfiguren, z. B. Joseph Goebbels („Ziegenfuß", 174, der zu den „Missgeburten" gehöre, „die dieses Land in ihre Gewalt gebracht hätten", ebd.) hält er nicht hinter dem Berg – was ihm schließlich eine Verhaftung und Gefängnisstrafe einbringt. Von Anfang an ist er also nicht nur ein Außenseiter, sondern auch eine Gegenfigur zu seinen angepassten Mitmenschen.

Seine offen geäußerte Kritik führt zur Verhaftung

Seine schlimmen Erfahrungen im Gefängnis haben den Brasilianer zwar physisch und psychisch stark mitge-

Nach seinem Gefängnisaufenthalt wünscht er sich mehr denn je die Rückkehr nach Brasilien

nommen, wie Veit besorgt feststellt (vgl. 296), jedoch ist seine Einstellung gegenüber den Nationalsozialisten, „die ganze Deutsche Verbrechergemeinschaft" (299), eher noch radikaler geworden. Mehr denn je hält ihn sein Entschluss aufrecht, wieder nach Brasilien zurückzukehren – für ihn das „Paradies [...], das zu suchen ich vielleicht die Aufgabe habe über alle Hindernisse hinweg" (300).

Der Brasilianer muss nach einem heftigen Streit mit Dohm fliehen

Als die ständigen Auseinandersetzungen mit seinem Schwager, dem NS-Funktionär Dohm, schließlich eskalieren und der Brasilianer seinen Hass und seine Verachtung ungeachtet möglicher Konsequenzen in drastischer Form herausschreit, lässt er danach auch seine gute Selbsteinschätzung erkennen: Er wird sich niemals zurückhalten können und sich dadurch in Lebensgefahr bringen. So bleibt für ihn nur die Flucht.

In Bezug auf Veit wird deutlich, welchen Einfluss der Brasilianer im Laufe der Zeit auf ihn hat. Er scheint – ohne dass Veit das sofort bemerkt – zu einer Art Vorbild zu werden. Immer wieder hat der Ältere ihm durch sein Verhalten gezeigt, dass man zu seinen Überzeugungen stehen, innere Ruhe bewahren und nicht alles unhinterfragt hinnehmen solle: „Ich rate dir, Menino, halte Ruhe in deinem Innern, verwende deinen Kopf." (136) Er möchte, dass Veit aus seiner Erstarrung erwacht, denn ihm kommt der Junge vor „wie eine Pflanze, die man einmal umtopfen müsste. Er habe den Eindruck, ich hätte mein Wachstum vor Jahren eingestellt." (177)

Veit verhilft ihm mit der Erschießung des Onkels zur endgültigen Flucht

Dieser Einfluss bewirkt schließlich, dass Veit angesichts der bevorstehenden Verhaftung des Brasilianer zum ersten und einzigen Mal aktiven Widerstand zeigt, indem er den Onkel erschießt und dem Brasilianer somit die erneute Flucht ermöglicht. So lösen die mutige Haltung des Brasilianers wie die ernsthafte Liebe Margots die allmähliche Wandlung Veits aus, obwohl ihn der Tötungsakt wohl immer belasten wird. Der vielsagende letzte Satz des Brasilianers gilt auch Veit zur Ermutigung: „Ruhig wird das Herz erst, wenn wir geworden sind, was wir sein sollen." (367) Dem Brasilianer selbst gelingt es drei Jahre nach Kriegsende tatsächlich, nach Brasilien zurückzukehren; mehr ist über sein weiteres Leben allerdings nicht zu erfahren.

Nanni (Annemarie Schaller)

KURZINFO

Die Unangepasste
- Nanni ist Kurts Cousine und die Adressatin seiner Briefe.
- Die beiden sind verliebt und hoffen auf eine gemeinsame Zukunft.
- Nanni befindet sich mit anderen Mädchen im Lager Schwarzindien.
- Ihr Leben nimmt beim Besteigen der Drachenwand ein tragisches Ende.

Annemarie Schaller, genannt Nanni, ist eins der landverschickten Mädchen in Schwarzindien, knapp vierzehn Jahre alt. Von Anfang an wird sie von Veit als ungewöhnlich reif, manchmal fast altklug erlebt. Sie fällt ihm sofort auf: „Sie hatte etwas Anziehendes, das ich nicht zu präzisieren vermochte, etwas ungemein Selbstbewusstes." (64) Lebenslustig und neugierig, leidet sie umso mehr an dem Zwang zur Gleichförmigkeit im Lager. Durch ihre Art wird sie schnell zu einer Einzelgängerin, vor allem, nachdem ihre Briefkontakte zu ihrem Cousin Kurt aufgedeckt werden: „Freundin habe ich keine mehr. Aber ich bin zu allen eine gute Kameradin." (141) Veit gegenüber zeigt sie während einer seiner Panikattacken große Empathie, wünscht sich ihrerseits seine Unterstützung, als sie wegen ihrer Beziehung zu Kurt bestraft werden soll. Groß ist ihre Enttäuschung, dass sie letzten Endes ganz auf sich allein gestellt ist; fortan weicht sie ihm aus.

Nanni ist lebensfroh, unangepasst, eigenwillig

In Kurts langen Briefen an Nanni wird die Verliebtheit der beiden jungen Leute deutlich. Auch Nanni spricht immer wieder liebevoll von Kurt und freut sich auf eine gemeinsame Zeit mit ihm. Dies erweist sich – wie erst später zu erfahren ist – als unmöglich, da Kurt eingezogen worden ist. Dennoch verwirklicht Nanni das mit Kurt geplante Vorhaben, die Drachenwand zu besteigen. Dass sie dies allein tut, beweist ihren Mut zur Eigenständigkeit. Umso tragischer ist ihr Tod, wohl ein Unglücksfall: nicht nur die Zerstörung eines jungen, sondern in seiner Individualität auch vielversprechenden Lebens.

Liebevolle Beziehung zwischen Nanni und Kurt

Johann Kolbe

> **KURZINFO**
>
> **Der Mitläufer**
> - Kolbe ist Veits Onkel, der Bruder seines Vaters, und Polizeikommandant in Mondsee.
> - Er ist ein selbstbezogener, passiver Mitläufer, vermeidet jegliche Konflikte und erfüllt nur die Mindestanforderungen an seine Rolle als Polizist.
> - Als er notgedrungen den Brasilianer verhaften muss, wird er von Veit erschossen.

Der Onkel erscheint als passiv, faul, unkritisch und ohne Engagement

Veits Onkel Johann, ein älterer Bruder seines Vaters und Leiter der Polizeistation in Mondsee, zeigt das angepasste Verhalten eines niedrigeren Staatsdieners, der sich in seiner lange Zeit abgeschiedenen Idylle eingerichtet hat. Beschwerden und Bitten um Ermittlungen hält er möglichst von sich fern, widmet sich eher der Frage, wie er an Zigaretten kommt. Er tut nur das unbedingt Nötigste, agiert erst, wenn es nicht mehr zu vermeiden ist, z. B. wenn er offiziell den Tod von Nanni Schaller protokollieren muss. In all den Monaten ihres Verschwindens hat er nichts unternommen, da für ihn das Urteil – ein frühreifes, unangepasstes und unerzogenes Mädchen hat Reißaus genommen – von vornherein feststeht.

Sein persönliches Befinden geht ihm über alles, mit politischen Äußerungen hält er sich weitestgehend zurück und unterbindet auch schnell Veits kritische Bemerkungen über dessen Erfahrungen an der Front. Jeglicher Diskussion weicht er aus: „Nun halte ich es für das Beste, wir lassen die Politik beiseite [...] wir können die Sache ja doch nicht umkrempeln" (347 f.).

Veit verachtet seinen Onkel

Diese Art stößt Veit, für den der Onkel lange Zeit Ansprechpartner gewesen ist, mehr und mehr ab: „Als gänzlicher Opportunist war der Onkel das größte Arschloch von allen." (347) Diese Wut und die immer größere Distanzierung Veits, zumal der Onkel ihn nicht nur vom Charakter, sondern nach einer längeren Krankheit auch optisch an seinen Vater erinnert, tragen am Ende mit dazu bei, dass er seine radikale Tat, die Erschießung des Onkels, ohne große Hemmungen ausführen kann.

Weitere Personen

Verschiedene Personen – verschiedene Charaktere

- Veits Vater ist autoritär und ein überzeugter Nationalsozialist, der seinen desillusionierten Sohn schließlich in die Abkehr von der Familie treibt. Veits Mutter vermag dies nicht aufzuhalten.
- Die Quartierfrau Dohm ist glühende Hitler-Verehrerin und tyrannisiert andere Menschen, die nicht ihrem Bild von Pflichterfüllung entsprechen. Gleichzeitig ist sie geizig und profitorientiert, zeigt keinerlei menschliches Mitgefühl, ebenso wenig wie ihr Ehemann, der die verletzte Hündin erschießt.
- Die Lehrerin Bildstein ist einzig und allein auf ihre Arbeit und ihre Pflichten gegenüber den ihr anvertrauten Mädchen fixiert. Sie erlaubt sich keinerlei privaten Gefühle.

Veits Vater ist der Prototyp des autoritären Vaters, dem jegliches Verständnis für die Erfahrungen und Gefühle seines Sohnes fehlt. Als überzeugter Nationalsozialist versäumt er keine Gelegenheit, die immer gleichen Propagandaklischees und später die Durchhalteparolen der von ihm idolisierten Führerfiguren zu wiederholen. Er, der nie selbst im Kriegseinsatz war, nimmt die ernüchternden, bitteren Erkenntnisse seines Sohnes aus dessen unmittelbaren Kriegserfahrungen überhaupt nicht zur Kenntnis. Im Gegenteil: Immer wieder, auch als das schreckliche Ende des Krieges immer wahrscheinlicher wird, verschließt er sich dieser für ihn nicht zu ertragenen Realität und löst damit die endgültige Entfremdung Veits von seiner Familie aus.

Veits autoritärer Vater verehrt die NS-Größen

Die **Mutter** leidet unter den ständigen Spannungen zwischen ihrem Mann und ihrem Sohn, versucht des Öfteren abzulenken und eine oberflächliche Harmonie herzustellen, ist aber zu schwach, um die immer weiter fortschreitende Entfremdung aufzuhalten.

Ähnlich wie Veits Vater ist die **Quartierfrau Dohm** eine überzeugte Nationalsozialistin und Bewunderin Hitlers. Sie zeigt dies noch wesentlich deutlicher nach außen, indem sie Rituale wie das Flagge-Aufziehen pflegt und sowohl die nationalsozialistische Diktion als auch die Urteile gegenüber denen übernimmt, die sich nicht anpassen wollen oder können. Das NS-System bietet ihr

Frau Dohms Verehrung für Hitler und ihr blinder Glaube an das NS-System

die passende Form für ihre autoritäre, herrschsüchtige Persönlichkeitsstruktur: Als Quartierfrau kann sie Macht ausüben, sich an denen bereichern, die auf sie angewiesen sind, und ihren Neid, ihre persönliche Unzufriedenheit kompensieren.

Mit dem immer deutlicher werdenden Niedergang des Systems, an das sie glaubt, löst sich auch ihre innere Wesensstruktur mehr und mehr auf: Sie wird immer gehässiger, unberechenbarer, verliert schließlich jegliche Selbstkontrolle. Ihr Ehemann versucht Veit gegenüber das Verhalten seiner Frau mit Krankheit und starken Schmerzen zu entschuldigen. Da in den „Nachbemerkungen" mitgeteilt wird, dass Trude Dohm einige Jahre später an den Folgen einer zu spät erkannten und behandelten Syphilis gestorben ist, könnten vielleicht neurologisch bedingte Persönlichkeitsveränderungen zu einem früheren Zeitpunkt erfolgt sein. Dies bleibt aber ein mutmaßlicher Nebenaspekt.

Der Ehemann genießt seine Macht und Stellung als NS-Funktionär

Max Dohm, der Ehemann, taucht nur wenige Male in Mondsee auf. Als höherer NS-Offizier spielt er seine Macht und seinen Einfluss selbstbewusst aus. Bemerkenswert und abstoßend ist seine willkürliche Ausübung von Gewalt, als er die verletzte Hündin des Brasilianers erschießt. Nach außen demonstriert er weiter seinen Glauben an den Kriegserfolg, ist aber wohl realistisch genug, in seinem Keller eine große Menge Vorräte und den Kriegsgegnern entwendete Luxusgüter zu horten. Nach dem Krieg gelingt ihm – wie vielen ehemaligen Nationalsozialisten – offenbar nahtlos der Übergang in eine neue Existenz als Besitzer eines Elektro- und Radiogeschäfts.

Distanziertheit der Lehrerin

Eine unnahbare und schwer einzuschätzende Person ist **Margarete Bildstein**, die Lehrerin im Mädchenlager Schwarzindien. Sie wirkt unscheinbar, ist beziehungsarm und weist Veits schüchterne Annäherungsversuche barsch, manchmal auch verletzend zurück. Sie scheint verbittert zu sein, vor allem, was ihre Beziehung zu Männern betrifft.

Völlig fixiert auf ihre Arbeit und ihre Rolle als Erzieherin klagt sie immer wieder über die schlechten Arbeitsbedingungen und die Hindernisse, die die Bürokratie ihr in den Weg stellt. Gleichzeitig steht sie hinter dem harten Drill, dem die jungen Mädchen im Lager ausgesetzt sind, verlangt von ihnen die gleiche Härte, die sie sich selbst gegenüber beweist und die ihr nur ganz selten private Gefühlsmomente erlaubt. Dass sie wohl um das Versteck des geflüchteten Brasilianers auf dem Dachboden in Schwarzindien weiß und dies nicht verrät, könnte allerdings auf einen zumindest inneren Widerstand gegenüber dem NS-Regime schließen lassen. Nach dem Krieg arbeitet sie weiter als Lehrerin in Wien, bleibt ehe- und kinderlos und wird 89 Jahre alt.

Die Lehrerin hat sich völlig ihrer Arbeit verschrieben, sperrt sich gegen jede persönliche Beziehung

Themen

(Über-)Leben im Krieg

Einstellungen und Strategien

- Überzeugte Nationalsozialisten wie Frau Dohm stützen das System rückhaltlos, verlieren aber bei dessen Untergang jeglichen Halt.
- Widerstand gegen die Ideologie und ihr Menschenbild, wie ihn der Brasilianer zeigt, ist gefährlich; Flucht bleibt das einzige Mittel zur Rettung.
- Der Jude Oskar Meyer kann seinem Schicksal im NS-Vernichtungssystem trotz ständiger Versuche (Flucht, Identitätswechsel) nicht entkommen.
- Für die meisten Figuren zählt nur noch das Überleben im Kriegsalltag.
- Veit macht als Einziger eine Entwicklung des Umdenkens vom Mittäter zum Kritiker durch.

Keine Schwarz-Weiß-Konstellation bei den Figuren

In einem Gespräch über seinen Roman *Unter der Drachenwand* äußerte Arno Geiger einmal sinngemäß, dass ihn die Grautöne mehr interessierten als Schwarz-Weiß-Malerei (vgl. Exklusivinterview mit Olga Tsitiridou). Ganz im Sinne dieses Konzepts erscheint es dann auch schwierig bis unmöglich, die Einstellungen und Verhaltensweisen der einzelnen Figuren – vor allem im Bezug auf das politische System und die Kriegssituation – eindeutig zu kategorisieren, zumal diese auch von persönlichen Erfahrungen und den Orten, an denen die Figuren sich gerade befinden, beeinflusst sind.

Das Leben der überzeugten Nationalsozialisten ist ganz auf Regeln und Propaganda des Systems ausgerichtet

Am ehesten lassen sich die Einstellungen und Verhaltensweisen der Figuren bestimmen, die sozusagen an den beiden Enden einer möglichen Bandbreite stehen. Da sind zum einen das Ehepaar Dohm und mit Abstrichen auch Veits Vater, allesamt glühende Nationalsozialisten und Hitler-Verehrer, die dies in ihrem täglichen Leben und dem Umgang mit den Mitmenschen auch offen zur Schau tragen. Vor allem die **Quartierfrau Dohm** ist ein Beispiel für eine nicht eben seltene Persönlichkeit, die sich einerseits als Teil einer großen Bewegung sieht und ihr Leben u.a. auch durch das Feiern bedeutender Gedenktage und das ständige Weiterverbreiten der ideologischen Propaganda und Vorurteile strukturiert, was bei Veit oft Widerspruch oder Sarkasmus hervorruft:

> „Die Quartierfrau sagte, es könne sein, dass die anglo-amerika-
> nischen Hunde Bazillen abgeworfen hätten, sie wolle nichts
> ausschließen." (60)

> „Die Quartierfrau verfügte, dass die Fahnenstange aufgestellt
> und die Fahne gehisst werde, damit die auf dem Mond
> liegende Kolonie dem Mutterland huldige." (137)

Andererseits steigert sie dadurch auch ihre persönliche
Selbsteinschätzung, da sie sich durch ihre (nebenbei
recht einträgliche) Aufgabe der wachsamen Quartierfrau immer wieder selbst bestärken und bereichern
kann.

Diese starre Ausrichtung des eigenen Lebens und Denkens auf die herrschende Ideologie kann bei der sich
abzeichnenden Kriegsniederlage und den auf Umwegen
deutlich werdenden schrecklichen Frontereignissen nur
zu einer Verleugnung der Realität bzw. zur Verdrängung führen, was zum Teil von der offiziellen Propaganda bestärkt wird:

Verleugnung und Verdrängung

> „Wenn der Quartierfrau der Wehrmachtbericht nicht gefiel,
> beförderte sie den leeren Mistkübel mit Fußtritten über den
> Hof. Dann sprach man sie besser nicht an." (191)

In letzter Konsequenz ist dann der innere Zusammenbruch der Persönlichkeit nicht mehr zu vermeiden – der
Halt, den der Glaube und die Verehrung gegeben haben,
ist weggebrochen. Dazu kommt noch eine von ihrem
Ehemann angedeutete neurologische Erkrankung. Es ist
anzunehmen, dass die Quartierfrau (und wahrscheinlich auch ihr Mann und Veits Vater) nicht wie die meisten anderen Figuren das Kriegsende als Erlösung, sondern eher als subjektiv empfundene Niederlage erleben.

Verlust jeglichen Halts bei Niederlage des politischen Systems

Am anderen Ende einer gedachten Skala stünden dann –
wenn auch aus ganz unterschiedlichen Gründen – der
Brasilianer und Oskar Meyer. **Der Brasilianer** ist der
Einzige, der offen immer wieder seine Abscheu gegenüber dem nationalsozialistischen System und seinen Anhängern äußert, oftmals in drastischen Worten:

> „Trude und ihr Mann und mit ihnen alle Kloakenbrüder des H.
> und H. allen voran, der immer aussehe wie gekotzte Milch

> und der nach jedermann greife mit seinen Leichenhänden,
> seien Kellermenschen, das fehlende Licht mache es ihnen
> leichter, ihr verpfuschtes Leben auszuhalten." (135)

Dabei nimmt er auch diejenigen seiner Mitmenschen nicht aus, die zwar nicht offensiv agieren (wie eben seine Schwester und ihr Mann), aber als schweigende Mitläufer das System wider besseres Wissen stützen und die Kriegssituation als unvermeidbar hinnehmen.

Der Brasilianer gefährdet sein Leben durch den Hass auf das NS-System

Der Hass des Brasilianers auf die Nationalsozialisten und ihre vor allem vom Rassebegriff bestimmte Ideologie ist weniger politisch motiviert und führt nicht zu einer Suche nach Gleichgesinnten für den aktiven Widerstand. Seine Ablehnung gründet sich vor allem darauf, dass diese Ideologie und ihre Auswirkungen so völlig konträr zu seinen eigenen Lebenserfahrungen in Brasilien stehen: „Das grausige Europäertum, in dem Hass als Kulturerrungenschaft gilt, hat sich überlebt." (136)

Sein einziges (Über-)Lebensziel ist die Rückkehr nach Brasilien

Sein in Brasilien entstandenes Bild von einem gelingenden Leben in einer menschlichen Gesellschaft ist geprägt von Werten wie Individualität und Akzeptanz von Verschiedenheit, Solidarität und Mitmenschlichkeit, Wärme und Schönheit. Die Farben der tropischen Tiere und Pflanzen, die Lebensfreude, wie sie sich z. B. in der Musik und im Feiern ausdrückt, erscheinen als Gegensätze zum grauen Alltag des Krieges und zu den rassistischen Parolen des herrschenden Systems. So ist es kein Wunder, dass er sich, so lange es möglich ist, zumindest einen kleinen Teil dieser Schönheit in der „Kälte" des ‚Großdeutschen Reiches' bewahren möchte und seine Kraft aus der Überzeugung zieht, dass er eines Tages wieder an dem Ort sein wird, für den er bestimmt ist – wenn auch eine Zukunft dort ungewiss sein dürfte: „Einfach wird es trotzdem nicht werden, da brauche ich mir nichts vorzumachen." (297) Immerhin ist er aber realistisch genug, die akute Bedrohung seines Lebens zu erkennen und sich der Macht derjenigen, die er nicht aufhören kann offen zu kritisieren, durch die Flucht zu entziehen:

> „Ich weiß, dass ich ein Idiot bin, Menino. Aber kein so großer
> Idiot wie andere, deshalb werde ich jetzt von der Bildfläche
> verschwinden. Lieber ins eigene Loch statt in deren Loch." (339)

Oskar Meyer ist als Jude in der Rolle des Opfers im nationalsozialistischen System. Er wirkt unpolitisch und ideologiefrei, sein gesamtes Verhalten zeigt anfangs eine erstaunliche Naivität und fast lähmende Fassungslosigkeit über die zunehmende Gefährdung seiner Existenz und seine eigene Hilflosigkeit. Gleichzeitig suchen er und seine Frau ihre Ängste mit „Vernunftgründen" (118), wie er es nennt, zu beschwichtigen:

Als Jude ist Oskars Leben permanent gefährdet

> „Wenn so viele weggehen, wird das diejenigen, die gegen uns sind, besänftigen. Gerade dass sie so sehr darum bemüht sind, uns ein Hierbleiben zu vergällen, ist ein Zeichen, dass mit dem Hierbleiben irgendein Sinn verbunden sein muss. Von einem bestimmten Punkt an wird man uns wieder in Ruhe lassen." (118)

Als klar wird, dass dies eine fatale Fehleinschätzung ist und es für ihn und seine Familie nur noch um das Überleben geht, wird dies zur Richtschnur seines Denkens und Handelns, die Flucht wird zum einzigen Ausweg.

In der immer prekäreren Situation in Budapest ist Oskars Strategie vor allem, sich im wahrsten Sinne unsichtbar zu machen, im Schatten und unbemerkt zu bleiben, öfter die Papiere und damit die Identität zu wechseln: „Bloß weg mit den uns in Wien aufgezwungenen Pässen, die auf der Vorderseite ein großes J trugen." (247) Mit dem Ablegen der wahren Identität nach außen schreitet die innere Auflösung einer an sich friedlichen und menschlichen Persönlichkeit voran. Wie bei vielen seiner Mitverfolgten entwickeln sich Ichbezogenheit und Gleichgültigkeit, z.T. Aggressivität statt Solidarität und Mitgefühl. Die ständige Bedrohung stumpft ihn ab: „[…] insgesamt bin ich hart geworden, ich denke mir oft, was soll's, ich selber kann jederzeit der nächste sein." (403)

Die ständige Bedrohung führt zu Gleichgültigkeit und Egoismus

> „Dieses Eingepferchtsein ist böse, gewalttätig, belastend, demoralisierend, Tag für Tag. […] Das starre Unglück ist das schlimmste Unglück, das steife, festgenagelte Unglück. Wie es die Persönlichkeit angreift! Sogar Schlägereien sind schon vorgekommen. Alle Verbindungen, die wir untereinander hatten, reißen ab." (408 f.)

Es ist nur ein dünner Faden, der ihn mit einer schönen und friedlichen Vergangenheit, mit seiner Frau und seinen Kindern verbindet – symbolisiert durch Wallys buntes Halstuch, das er nach ihrem Verschwinden immer bei sich trägt. Diese innere Verbindung hindert ihn noch für kurze Zeit an der völligen Selbstaufgabe. Klar ist aber auch, dass sein Überleben schon lange nicht mehr in seiner Hand liegt.

Auch für die übrigen Figuren geht es nur noch ums Überleben

Der große Teil der **übrigen Figuren** – ganz gleich, ob es sich um die Bewohner von Mondsee oder um die Menschen wie Frau Neff in den bombardierten deutschen Städten handelt – zeichnet sich durch eine Gemeinsamkeit aus. Sie sind nicht als aktive Anhänger des NS-Systems, sondern eher als unter dem Krieg Leidende dargestellt. Eine Täter-Opfer-Konstellation spielt offenbar keine Rolle, ganz gleich, ob die Figuren im Hintergrund der Handlung den Krieg jemals befürwortet, gar begeistert begrüßt oder vielleicht innerlich abgelehnt haben: In der erzählten Gegenwart verbindet sie die Ungewissheit über Dauer und Ausgang des Krieges sowie der Wunsch zu überleben. In Veits Augen nehmen sie den Krieg wie ein unbeeinflussbares Naturereignis (ähnlich einem Unwetter) hin:

> „Die Bauern runzelten die Stirn und sagten, hoffentlich steht das Getreide wieder auf, wir müssen abwarten, wir haben eh keinen Einfluss darauf. Und so hielten sie es auch, wenn sie über den Krieg redeten, wir müssen abwarten, wir haben eh keinen Einfluss darauf, das ist halt so." (279)

Selbst der Onkel, immerhin ein nationalsozialistischer Funktionsträger, vermeidet politische Agitation und Unterstützung des Systems, die über das absolut Vorgeschriebene seiner Position hinausgeht.

Veit macht als Einziger eine erkennbare Entwicklung durch

Die komplexeste Figur hinsichtlich ihrer Entwicklung ist sicherlich **Veit**, ganz im Sinne von Arno Geigers Bevorzugung der Grautöne. „Willkommen Grauer!", schreibt der junge Soldat über sich auf seinem ersten Erkundungsgang durch das winterliche Mondsee (vgl. 35). Das deutet nicht nur auf allgemeine Betrübnis, sondern vielleicht auch auf ein noch unklares Selbstbild hin. Er ist ja der Einzige, der über jahrelange Erfahrungen an der Front verfügt und dessen Einstellung durch diese Erlebnisse entscheidend beeinflusst worden ist.

Das heißt aber möglicherweise gleichzeitig, dass er nicht nur Opfer, sondern auch Täter ist.

Im Angesicht der kritischen Äußerungen des Brasilianers bekennt Veit seine grundsätzliche Faszination in Bezug auf Hitler und das politische System, zumal seine ganze Erziehung davon geprägt wurde:

> „[...] die Partei war die Sinngebung meiner Jugend gewesen, und ich konnte mich auch jetzt von dem Gedanken, dass der F. ein großer Mann war, nicht gänzlich frei machen." (135)

Rückblickend leugnet er nicht seine Beteiligung an grausamen Kriegshandlungen, sucht keine Entschuldigungen – etwa, dass er nur seine Pflicht getan habe. Die Fronterfahrungen, vor allem im letzten Kriegsjahr, haben für Veit in der konkreten Situation ständige Angst, Orientierungslosigkeit und den Wunsch zu überleben bedeutet. Im Nachhinein, während seines Aufenthalts in Mondsee, wird ihm dann erst die Grausamkeit der Kriegstaten, die Entmenschlichung der Agierenden, also auch seiner selbst, bewusst:

Im Krieg war Veit an grausamen Handlungen beteiligt

> „Wie weit die Verzerrung des eigenen Wesens schon vorangeschritten ist, merkt man erst, wenn man wieder unter normale Menschen kommt." (42)

Das führt zu Reue, Schuldgefühlen, dem vergeblichen Wunsch, etwas rückgängig zu machen, und in der Folge zu Panikattacken.

Für Veit bedeutet dies aber auch die vollkommene Desillusionierung, die Demaskierung des herrschenden Systems und dessen ehemals verehrten Führungspersönlichkeiten. Seine Wut und Verachtung werden allerdings nur in seinen Aufzeichnungen deutlich, es kommt nicht zum äußeren Widerstand. Die einzige offen widerständige Handlung – die Erschießung des Onkels – resultiert aus Freundschaft zum Brasilianer, dem er dadurch die Flucht ermöglicht und wahrscheinlich das Leben rettet, allerdings um den fragwürdigen Preis, dass er damit einem anderen Menschen das Leben nimmt.

Er wird vom Mittäter an der Front zum desillusionierten Kritiker, der sich vom System nicht mehr zerstören lassen will

Der junge Veit repräsentiert eine sicher nicht geringe Zahl von Menschen – zumal diejenigen mit unmittelba-

Der Wunsch nach einer Zukunftsperspektive verdrängt die Schuldgefühle

rer Fronterfahrung –, die nach fünf, sechs Kriegsjahren eine, zumindest innerliche, Wandlung durchmachen: von der rückhaltlosen Unterstützung des herrschenden Systems zu dessen Ablehnung und zum drängenden Wunsch nach Beendigung des Krieges und Aussicht auf eine wie auch immer geartete Zukunft – selbst dann, wenn dadurch schuldhaftes Verhalten verdrängt werden muss.

Tod

KURZINFO

Verdrängung des allgegenwärtigen Geschehens
- Das Thema Tod beinhaltet zahlreiche Aspekte.
- Es erscheint als Tod vieler Menschen in Folge des Krieges: auf dem Schlachtfeld, in den bombardierten Städten, im Holocaust.
- Daneben gibt es den Tod als individuelles Schicksal (Nannis tödlicher Unfall), als grausame Willkür (die Erschießung des Hundes) und als radikaler Akt (Veits Erschießung des Onkels).

Todesfälle als Resultat des Krieges bleiben eher abstrakt

Wie in allen Romanen, die Krieg und Not thematisieren, zieht sich in *Unter der Drachenwand* die Darstellung des Todes in unterschiedlichsten Varianten durch die gesamte Handlung. Da sind zunächst die Todesfälle, die unmittelbar Ergebnisse der kriegerischen Handlungen sind. Auf den Schlachtfeldern in Russland und der Ukraine ist der Tod ständiger Begleiter sowohl der Kämpfenden als auch der Bewohner in den zunächst von der deutschen Wehrmacht besetzten Gebieten. Auffällig ist dabei, dass die jeweiligen Erzähler (hauptsächlich Veit) die Namen der Orte dokumentarisch korrekt benennen, die eigentliche Tatsache des Tötens bzw. Sterbens aber immer bei Andeutungen belassen, als nüchterne Beobachtungen der Reaktionen anderer darstellen (z. B. des überforderten Arztes im Lazarett, vgl. 9) oder auch in einer den Krieg personalisierenden und damit von den eigentlich Handelnden abstrahierenden Weise beschreiben: „Und der Krieg arbeitete sich weiter, für die einen nach vorn, für die anderen nach hinten, aber immer in der blutigsten, unverständlichsten Raserei." (8)

Trotzdem (oder vielleicht gerade deshalb) kann sich der Leser auch ohne ausführliche Schilderungen ein Bild von den Verheerungen der Kriegshandlungen machen. Die Distanzierung des Einzelnen von den Handlungen, an denen er doch selbst teilgenommen hat, lässt auf einen völligen Verlust von Menschlichkeit schließen, entsteht aber wohl auch aus der Verdrängung jeglicher Gefühle von Mitleid, ethischer, sozialer oder auch religiöser Maßgaben um des eigenen Überlebens willen. Besonders eindrücklich wird dies in der von Veit beschriebenen Szene, in der deutsche Soldaten in Ermangelung eines Balls mit einem Totenkopf Fußball spielen:

> „Ich glaube, wir taten es aus Respektlosigkeit gegen den Tod, nicht aus Respektlosigkeit gegen den Toten. Der Tote hätten wir selber sein können. Wir traten den Totenkopf im hohen Bogen über die Wiese, und für einige Minuten gab der Krieg uns frei." (323)

Mit dem Wechsel der Perspektive zu Kurt und vor allem zu Lore Neff richtet sich der Fokus auf den Tod im Alltag der Bevölkerung im ‚Großdeutschen Reich', hervorgerufen durch die Bombenangriffe der Alliierten.

Der zu Beginn recht unbeschwert wirkende Kurt erlebt Todesgefahr zum ersten Mal während seines Dienstes als Horcher, wo seine Kameraden und er direkten Bombenangriffen ausgesetzt sind. Aber noch immer scheint die Möglichkeit zu sterben – trotz der Zerstörungen, die er bereits dort sehen kann – nicht ganz in seinem Bewusstsein angekommen zu sein: „Was werden wir noch alles erleben oder nicht mehr erleben." (235) Erst viel später – mit seiner Verlegung an die Front und vor allem in dem Bewusstsein, dass seine geliebte Nanni tot ist – wird der Tod auch für Kurt „persönlich". Nur langsam kann er sich mit Nannis Tod abfinden, gleichzeitig wird die Möglichkeit zu sterben für ihn greifbar, zu einer nicht mehr zu leugnenden Wahrscheinlichkeit. In dem letzten Brief an Ferdl scheint sogar eine Todesahnung auf (vgl. 394, 396).

Kurt lernt Todesgefahren erst im Kriegseinsatz kennen

Besonders die Berichte Lore Neffs aus dem stark betroffenen Darmstadt verdeutlichen das Ausmaß des Sterbens in der Zivilbevölkerung: So ist von einem schweren

Bombenangriff die Rede, der über 20 000 Todesopfer forderte. Unter den Toten sind immer wieder Verwandte und Bekannte Frau Neffs. Trotzdem fällt auch hier (ähnlich wie bei Veit) ihre quasi-dokumentarische, distanzierte, nahezu emotionslose Ausdrucksweise auf; einmal mehr wird deutlich, dass sich die menschliche Psyche wohl nur durch Verdrängung der entsetzlichen Erlebnisse und Bilder schützen kann. An wenigen Stellen erlaubt sich Lore Neff Ansätze von Trauer, z. B. wenn Beerdigungsfeiern von Luftalarmen unterbrochen und später nachgeholt werden müssen, oder Wut über die bürokratische Verwaltung des Todes durch das politische System, das den Getöteten Laufnummern gibt oder als Kompensation fünfzig Gramm Bohnenkaffee für die Überlebenden verteilt.

Das Leid der Zivilbevölkerung

Ein besonders erschütterndes Kapitel des Todes im und durch den Krieg stellt der Holocaust dar, die millionenfache, systematische Vernichtung jüdischen Lebens durch die Nationalsozialisten. Im Roman spiegelt sich dies hauptsächlich im Schicksal Oskar Meyers und seiner Familie, wobei sich die Todesgefahr im Verlaufe der Flucht weiter steigert. In Oskars Aufzeichnungen gibt es immer wieder Hinweise und Andeutungen auf das Ausmaß der Gräueltaten, die von den Betroffenen aber häufig verdrängt oder als Gerüchte bzw. Übertreibungen bezeichnet werden – aus Selbstschutz oder vielleicht auch aus Ungläubigkeit, dass so etwas überhaupt möglich sein könne. Der heutige Leser weiß natürlich, was das Verschwinden Wallys und Georgs oder auch anderer jüdischer Flüchtlinge zu bedeuten hat und dass der Weg der ungarischen Juden in Richtung Hainburg nicht in einem Arbeitslager enden, sondern ein Todesmarsch sein würde – von den Nationalsozialisten bürokratisch organisiert und durchgeführt. Erst am Ende scheint Oskar die Ausweglosigkeit seines Schicksals erkannt und akzeptiert zu haben.

Die Vernichtung jüdischen Lebens im Holocaust

Unmittelbarer und auch deutlicher wird die Darstellung des Todes für den Leser in konkreten Ereignissen und Eindrücken, mit denen einzelne Figuren konfrontiert sind. In diesem Zusammenhang ist vor allem Nannis tragischer Tod in der Drachenwand zu nennen. Aufgrund

Nannis Tod als erschütterndes Einzelschicksal

der Charakterisierung des jungen Mädchens durch die Personen in ihrem Umfeld ist Nanni dem Leser als Individuum vertraut, die Ungewissheit über ihr Schicksal beschäftigt ihn, ihr schließlich geklärter Tod vermag ihn zu erschüttern. Dabei werden der penibel-bürokratisch verfasste Polizeibericht durch Veits Beschreibungen seiner Trauer und Erinnerungen und später die von nationalsozialistischer Propaganda pervertierte Trauerfeier durch Veits innerlich empfundene Kritik konterkariert. Nannis Tod wird zum traurigen Symbol für das Scheitern von Eigenständigkeit und Unangepasstheit in einem System von Zwängen.

Nannis Tod als Symbol des Scheiterns von Unangepasstheit

Ein weiterer „symbolhafter" Tod findet sich in der Erschießung der schwer verletzten Hündin durch Dohm. Diesem bereitet die Tat keinerlei schlechtes Gewissen – im Gegenteil: Wie Veit andeutet, beendet Dohm lediglich, gemäß der allgemeinen NS-Ideologie, ‚lebensunwertes' Leben. Auch spielt er gerne seine Macht und Überlegenheit aus, die ihn vor jeglicher Verfolgung seiner Willkür schützt. Für Veit und Margot hingegen ist der Tod des Tieres ein trauriger Beweis für die Abwesenheit jeglicher Empathie oder des Respekts gegenüber einer schwachen, leidenden Kreatur.

Tötung als Akt der Willkür

Des Weiteren ist der Tod des Onkels Johann zu nennen, der von Veit erschossen wird. Veits Motivation für diese Tat ist wohl eine mehrdimensionale: Im Laufe seines Aufenthaltes in Mondsee ist seine Abneigung gegenüber dem angepassten, egoistischen, unkritischen Onkel, der zusätzlich mehr und mehr dem verhassten Vater ähnelt, immer weiter gestiegen. Veit verübelt ihm dessen Teilnahmslosigkeit, z. B. gegenüber Nannis Schicksal, und das unhinterfragte Befolgen seiner unvermeidlichen Pflichten (wie die Verhaftung des Brasilianers). In diesem Sinne gleicht das Töten des Onkels einer Bestrafung. Aber auch Veits gewachsene Freundschaft und Zuneigung zu dem Brasilianer, der für ihn zu einer Art Lehrmeister geworden ist, spielt eine große Rolle: Ihn zu retten überwiegt in dem Augenblick Veits Skrupel vor einer kriminellen Handlung, einem Mord. Sein auch physisch spürbares Leiden an dieser Tat (vgl. 368, 420) lässt zwar auf Schuldgefühle schließen. Jedoch deutet

Veits Erschießung des Onkels als radikaler Akt

sein Vermeiden jeglicher Gespräche darüber auf Verdrängung dieser Schuld zugunsten einer möglichst unbelasteten Zukunft hin. Diese Ambivalenz bleibt bestehen, die Fragwürdigkeit von Veits Handeln wird im Roman nicht aufgelöst.

Liebe

KURZINFO

Gegenpol zum Krieg

- Veits spontane Verliebtheit in die Lehrerin ist erfolglos.
- Zwischen ihm und Margot entwickelt sich langsam, aber umso stärker eine tiefe, tragfähige, auf die Zukunft hoffende Liebe.
- Nanni und Kurt bilden das junge, träumerische Liebespaar, dem keine Zukunft beschieden ist.
- Veits Liebe zu seiner verstorbenen Schwester ist eine ‚nachgeholte'.
- Für den Brasilianer beinhaltet die Liebe zu Brasilien das Idealbild seines Lebens.

Neben den verschiedenen Aspekten des Krieges und des Todes ist die Liebe ein weiteres Thema, das in verschiedenen Facetten und mit unterschiedlicher Gewichtung in vorliegendem Roman auftritt. In vielerlei Hinsicht bildet die Liebe einen Gegenpol zum Krieg, für Veit ist sie sogar eine Art Heilmittel.

Veit verliebt sich erfolglos in die Lehrerin

In seinen ersten Tagen in Mondsee verliebt sich Veit in die Lehrerin Grete Bildstein, die die landverschickten Mädchen in Schwarzindien betreut. Er ist jahrelang im gefährlichen Kriegseinsatz gewesen, mehrmals dem Tod knapp entkommen, hat in seinen Augen die komplette Jugendzeit verloren – und erhält jetzt zum ersten Mal die Gelegenheit, sich wieder dem Leben zuzuwenden. So ist es sicherlich nicht falsch oder abwertend zu sagen, dass er sich in seinem Lebenshunger in die „erstbeste" Frau verliebt, zumal sie in seinem Alter und recht attraktiv ist. Er will endlich wieder positive Gefühle entwickeln, und so ergreift er – trotz seiner offensichtlichen Schüchternheit und Unerfahrenheit – die Initiative und versucht mehrmals, den Kontakt zu der Lehrerin zu vertiefen. Diese Beziehung kann aber nicht erzwungen werden, da Grete Bildstein die Distanz wahrt und nicht auf Veits Werbungen eingeht. Ihre sarkastischen Bemerkungen,

z. B. über Männer, deren „Seehundaroma" (63) sie nicht mehr ertragen könne, mögen darauf hindeuten, dass sie solche Avancen – zumal von Soldaten – nicht zum ersten Mal erlebt und den wahren Hintergrund von deren Annäherungsversuchen erkennt. Schließlich resigniert Veit und schließt seine Bemühungen jovial und anscheinend ungerührt ab:

Veit akzeptiert die Zurückweisung

> „Die Bilanz sah so aus: Ich hatte der Lehrerin Avancen gemacht, und sie hatte mich auflaufen lassen. Sie hatte mich sogar mehrfach auflaufen lassen, und jetzt bedeutete sie mir nichts mehr. Ich bin ja nicht so verrückt, dass ich mein Herz an eine Frau hänge, die mich nicht mag. Verlorene Kilometer." (80)

Im Übrigen ist auch die Bekanntschaft zwischen Margot und ihrem späteren Mann eher durch einen gesteuerten Zufall erfolgt (vgl. 194) und die Ehe wurde aus rein pragmatischen Gründen geschlossen, weil beide sich daraus in ihrer jeweiligen Situation einen Vorteil erhofften. So ist auch diese Beziehung, trotz oder gerade wegen ihres schnellen Zustandekommens, von Anfang an zum Scheitern verurteilt.

Margots Ehe war keine Liebesheirat

Die tiefste und ernsthafteste Liebe existiert zweifellos zwischen Veit und Margot – und sie entsteht nicht durch spontane Verliebtheit, sondern langsam und ungezwungen. Die Beziehung beider wird umso enger, je mehr sie sich als „alltagstauglich" bewährt. Die beiden leben neben- und später miteinander, sie arbeiten zusammen im Gewächshaus des Brasilianers, sie geben ihrem Alltag eine gemeinsame Struktur:

Zwischen Veit und Margot entsteht eine sehr ernsthafte Liebesbeziehung

> „Und ohne dass wir einander bis dahin je außerhalb der Arbeit berührt hatten, waren wir zu diesem Zeitpunkt wohl schon ein, zwei Wochen ein Paar." (198)

Gleichzeitig zeigen sie einander eine große Zuwendung und Nähe, ohne in die Persönlichkeit des anderen eingreifen zu wollen. Aufschlussreich sind in diesem Zusammenhang die Begründungen für ihre Gefühle. Veit ist glücklich, weil Margot der einzige Mensch ist, der ihn nicht erziehen will (vgl. 200), während Margot es schön findet, dass Veit ihr das Gefühl gibt, sie gerne in seiner Nähe zu haben (vgl. 197). In seinen Aufzeichnungen erwähnt Veit ein Bild des flämischen Malers Pieter Breughel d. Ä., *Die Bauernhochzeit*, auf dem die Hochzeit in einer Scheune, also an einem Ort der Arbeit stattfindend, dargestellt wird (vgl. 198). Diese Idee gefällt ihm und bedeutet wohl im übertragenen Sinne, dass Liebe und Ehe seiner Meinung nach mitten im Alltag begründet sein und diesen (er-)tragen können muss.

Auch die sexuelle Beziehung zwischen Veit und Margot ist harmonisch

Dass Veit, der sexuell Unerfahrene, Margot in dieser Hinsicht zu Anfang eine führende Rolle überlässt und später auch völlig frei und ungezwungen mit ihr darüber reden kann („Es klappte, klapp, klapp, klapp", 280), zeigt einmal mehr, dass beide mit ihrer Liebe offen und ohne Scheu umgehen und diese genießen. Auch jenseits der vorläufigen Ruhe und Kriegsferne in Mondsee wird diese Liebe Veit stärken und – trotz des erneuten Kriegseinsatzes gegen Ende des Krieges – auf eine Zukunft ausrichten: „Dann sprachen wir über das Leben nach dem Krieg, von den Berufen, die wir ausüben und von den Kindern, die wir haben würden." (472) Er drückt die große Bedeutung für ihn in seinen Aufzeichnungen mit einfachen Worten aus:

> „Und ich weiß, es sind schon ereignisreichere Geschichten von der Liebe erzählt worden, und doch bestehe ich darauf, dass meine Geschichte eine der schönsten ist." (205)

Kurt und Nanni: die rührende, romantische Liebe, die ohne Zukunft bleiben muss

Die rührendste, aber auch traurigste Liebesgeschichte ist sicher die zwischen Nanni und Kurt, die ein wenig an die unter einem unglücklichen Stern stehenden Liebenden Romeo und Julia von William Shakespeare erinnern. Die Verhältnisse sind in jeder Hinsicht liebesfeindlich: Eltern und Lehrerin lehnen die Beziehung ab und versuchen sie zu unterbinden, durch die Kriegssituation werden die beiden schließlich auch räumlich getrennt. Trotzdem zeigen sich in Kurts liebevoll-schwärmerischen Briefen und in Nannis Verhalten und Bemerkungen über Kurt eine große Faszination und ein Gefühl der Sehnsucht und Freude über den anderen:

> „[…] ich habe solche Sehnsucht nach dir, ich vermisse das Klopfzeichen in der Früh, manchmal bilde ich mir ein, dein Klopfen zu hören, und in solchen Momenten möchte ich meine Siebensachen packen und weg zu dir nach Indien." (104)

> „Kurz klang wieder Blechmusik über den See, und als man
> nichts mehr hörte, sagte das Mädchen: »Ich bin verliebt.«
> Wieder huschte ein Lächeln über ihr rundes Gesicht, nicht
> ganz so befreit wie zuvor, aber voller versteckten Glücks."
> (141)

Zumindest aufseiten Kurts hat diese junge Liebe auch eine erotische Komponente, denn öfter schreibt er von körperlichen Berührungen, z. B. ihren Küssen, sein Trommeln auf ihrem Bauch, das Abrubbeln nach dem gemeinsamen Schwimmen. Vor allem aber wird die geplante Besteigung der Drachenwand gegen alle Widrigkeiten (z. B. schlechtes Wetter) zu einem Bild für ihre starke Verbindung:

> „[Es] ging ein Strahlen über das Gesicht des Mädchens, als
> habe sie sich innerlich schon auf den Weg gemacht, sie sagte:
> ,Kurt geht voran.'" (64)

So haben sie den festen Willen, sich treu zu bleiben und die Hindernisse zu überwinden.

Gerade Letzteres erweist sich als vergeblich – beide sterben, haben aber ihre Liebe jeder auf seine Art unsterblich gemacht. Nanni stürzt in der Drachenwand zu Tode, als sie ihren gemeinsamen Plan der Besteigung unbeirrt in die Tat umsetzt. Kurt bewahrt bis zum Ende in seinen Briefen die Erinnerungen an die kurze gemeinsame Zeit und ihre Pläne und gewinnt so glückliche Momente in der immer bedrohlicheren und für ihn am Ende tödlichen Kriegssituation.

Unerfülltheit der Liebe zwischen Kurt und Nanni durch beider Tod

Eine besondere Beziehung verbindet Veit mit seiner im Alter von 23 Jahren an Tuberkulose verstorbenen älteren Schwester Hilde. Er denkt häufig an sie, sorgt auch aus der Ferne für die Pflege und den Schmuck ihres Grabes und ruft sich immer wieder entscheidende Szenen aus ihrem gemeinsamen Leben in Erinnerung. Darin wird auch seine Motivation für diese starke Bindung deutlich: Er scheint ihr gegenüber Schuldgefühle entwickelt zu haben. Während er noch als Kind mit den Einschränkungen durch ihre Krankheit leben konnte, war er als Jugendlicher mit ihrem absehbaren Sterben überfordert. Als sie ihn einmal kurz vor ihrem Tod zu sich bat, zu einem „Stelldichein" (223), und ihm in ihrem

Veits Liebe zu seiner toten Schwester Hilde hat auch mit Schuldbewusstsein und gefühltem Versagen seinerseits zu tun

verständlichen Wunsch nach geschwisterlicher Nähe und liebevoller Berührung das Knie streichelte, empfand er dies als unangenehm, sogar unangemessen. Auch an ihrem Todestag war es ihm unmöglich, allein bei ihr zu bleiben. Es wirkt so, als wolle Veit der Schwester im Nachhinein durch seine Aufmerksamkeiten, auch anderen Sterbenden gegenüber, seine Liebe und Verbundenheit beweisen – auch wenn er selbst erwähnt: „Jahre später tröstete ich ein paar Sterbende … also nicht, dass man etwas nachholen kann …" (434)

Über die Liebesbeziehungen der drei Ehepaare lässt sich nur in einem Fall ein wenig „aus erster Hand" sagen. Während es zu Veits Eltern keine nennenswerten Hinweise gibt, lässt sich aus den Briefen von Margots Mutter das eine oder andere über ihren Mann und ihre Ehe erschließen. Sie sind seit 24 Jahren verheiratet, beide sind temperamentvoll, tragen Streitigkeiten vernehmbar aus, wissen um Schwächen und Fehler des anderen. Gleichzeitig ziehen sie – vor allem in der Kriegssituation – an einem Strang, arbeiten an ihrem Heim und genießen die wenigen friedlichen Augenblicke, z. B. beim gemeinsamen Biertrinken.

Die Beziehungen der Ehepaare erscheinen eher pragmatisch und durch Gewohnheit geprägt

Von Liebe ist an keiner Stelle die Rede, aber die Ehe scheint zu gelingen, vor allem weil Frau Neff die einmal gefällte Entscheidung für einen Menschen und damit auch für die Verbindung niemals zurücknehmen würde. (Im Gegensatz zu ihrer Tochter, wie sie spitz bemerkt, vgl. 380.) Sie zeigt daher kein Verständnis für Margots Handlungsweise – weder für die vorschnell vollzogene Heirat noch für den Wunsch, sich wieder von dem ungeliebten Ehemann zu trennen:

> „Schon bei der Hochzeit hast du auf meinen Rat verzichtet, sonst hätte ich dir gesagt, dass Ehen jämmerliche Glückssachen sind und dass man das Glück nicht extra herausfordern soll." (380)

Selbst die rundum unsympathische Quartierfrau Dohm bekommt einen menschlichen Zug, als ihr Ehemann Veit gegenüber äußert, dass er sie trotz ihres schwierigen Wesens liebt, und ihr Verhalten mit körperlichen Schmerzen entschuldigen will:

> „Er wisse, dass sie oft schwierig sei, aber er hänge an ihr und möge sie. Vom vielen Arbeiten habe sie einen eingeklemmten Nerv im Genick und daher furchtbare Schmerzen und Durchblutungsstörungen, deshalb sei sie oft so bösartig, dann tobe sie auch mit ihm und gebe ihm böse Schimpfworte." (343)

Herr Dohm äußert Zuneigung zu seiner Frau

Er geht sogar so weit, Veit zu bitten, ein wenig auf die Frau Acht zu geben. Dies ist umso höher einzuschätzen, als Dohm sonst den starken, arroganten, unsentimentalen und – Veit gegenüber – herablassenden Offizier herauskehrt.

Eine vollkommen andere Liebe findet sich in der Figur des Brasilianers, nämlich nicht die zu einer Person, sondern zu einem Land und der damit verbundenen Lebensweise. Brasilien, das er schon aus eigener Erfahrung kennt, symbolisiert für ihn alles, was er in ‚Großdeutschland' nicht vorfindet bzw. was ihm hier verloren und zerstört scheint:

> „Weißt du, Menino, die Menschen in Brasilien haben nichts Grobes, Auftrumpfendes oder Anmaßendes. Es sind stille, träumerische, sinnliche Menschen. Das fehlt hier alles. Nur im Karneval probieren sie das Laute und Auftrumpfende aus […]. Aber nach vier Tagen kehrt er [der arme Brasilianer] zurück in sein kleines irdisches Leben und ist zufrieden damit." (298)

Die Liebe des Brasilianers gilt einem Land und dessen Menschen bzw. seinem Idealbild davon

Eine Anpassung an die Verhältnisse im Land der ‚Maschinenmenschen' (vgl. ebd.) kann nicht gelingen, da die Erfüllung seiner Liebe durch das kleine Abbild seines Ideals, das er sich in seinem Gewächshaus und der Gärtnerei geschaffen hat, nicht möglich ist. Sein Schicksal zeigt aber auch, wie stark und weit eine solche Liebe tragen kann: Er überlebt und wird nach Brasilien zurückkehren.

Zeit

KURZINFO

Veränderung der Zeitwahrnehmung
- Das Zeitempfinden der Figuren ist durch die Kriegserlebnisse geprägt.
- Vergangenheit, Gegenwart und Zukunft verlieren ihre festgefügten Rahmen.
- Die Zeit wird als Verlust oder auch als Verdichtung von Leben empfunden, bleibt aber insgesamt rätselhaft (Veit, Kurt).

Einfluss der Kriegserlebnisse auf Veits Zeitempfinden

So wie seine oftmals ambivalente Wahrnehmung von Örtlichkeiten ist auch Veits Zeitempfinden und sein Bezug zur Zeit durch die Kriegserlebnisse in irritierender Weise geprägt. Die Themen Vergänglichkeit und persönlicher Zeitverlust variiert er, ähnlich wie Kurt (vgl. etwa 104 f., 389), immer wieder. Die Grenzen zwischen Vergangenheit und Gegenwart lösen sich bei den Kriegsteilnehmern häufig auf. Längst vergangene historische Ereignisse sind aufgrund ihrer Spiegelung eigener traumatischer Kriegserlebnisse für Veit unmittelbar präsent (vgl. 444).

Durch den frühen Tod der geliebten Schwester Hilde ist Veit bereits vor dem Ausbruch des Krieges mit dem Verrinnen von Lebenszeit konfrontiert. Im Krieg beklagt er z. B., dass er sein Studium nicht beginnen könne, er so viel Zeit verloren habe, er sie nicht aufholen könne (vgl. 23), auch dass mit diesem Zeitverlust eine Art Entwurzelung einhergeht:

> „Ich war beklommen, dass ich kein Zuhause mehr hatte, und begriff wieder, dass mir der Krieg nicht nur sechs Jahre genommen, sondern mich aus allem Gewohnten gerissen hatte." (430)

Verlust von Lebenszeit, Lebenszielen und …

Das Gefühl, dass die Zeit bzw. seine Zeit schwindet, hat er auch oft an der Front. So schreibt er dazu in einem nahezu religiös anmutenden Duktus: „Oft in Russland, wenn die Staubwolken über das Land gezogen waren, hatte ich mir gesagt: *Sieh an, meine Tage …*" (24).

… festen Strukturen

Vor einer Panikattacke verliert die Zeit für Veit ihre Struktur, die Halt gebenden Kategorien Raum und Zeit, wie z. B. die sicher geglaubte Ordnung vergangener Geschehnisse, bieten keine Orientierung mehr:

> „Ich hatte weiche Knie und zitterte, für einen Moment war alles aufgehoben, Zeit, Distanz, es gab kein Dazwischen, nichts, was mich beschützte. Bruchstücke der Vergangenheit fielen auf mich herunter und begruben mich, es war, als müsse ich ersticken." (39)

Kurz bevor er den Onkel erschießt, dehnt sich für Veit die Zeit, das Ticken seiner Armbanduhr macht ihm dieses Phänomen bewusst und überhöht die Situation zu etwas Schicksalhaftem, Unausweichlichem:

> „Unter gleichmäßigem Tick-tack, Tick-tack trennte der Zeiger
> die Sekunden ab, es klang, als würden die Sekunden aus-
> gestanzt, als schepperten sie, einen Moment lang greifbar, in
> ein Behältnis, das sie auffing: kleine Nägel, Nägel zu meinem
> Sarg." (363)

Die Beziehung zu Margot und Lilo lässt ihn die Zeit („die kleine Zukunft", 204) wieder konzentrierter empfinden, er genießt die Gegenwart und die Tage verdichten sich für ihn (vgl. 419). Er macht – und das entlastet ihn – zu Beginn der Beziehung keine Pläne für die weitere Zukunft: „[…] ich hatte gelernt, der großen Zukunft zu misstrauen" (203 f.). Die Beobachtung der stetig wachsenden Lilo strukturiert eine kleinere, überschaubarere Zeitspanne. Auch die Zukunft wird am Ende für ihn wieder greifbarer: „Und später, wenn alles wieder normal ist, werde ich irgenwie die Jahre retten, die ich verloren habe." (473) Doch bleibt die Zeit für Veit insgesamt ein Rätsel: „Aber damals wie heute war ich eingeschüchtert vom Vergehen der Zeit" (419). Als er das Interesse Lilos an seiner Armbanduhr bemerkt, schreibt er kindlich-fragend aus der Perspektive des Kindes, die sich aber letztlich mit seiner überschneidet (vgl. 420).

Gewinn an schönen Momenten

Auch für Kurt spielt der Zeitbegriff immer wieder eine Rolle. Als er nach Hainburg beordert wird und dort in der Nähe der Donau ein Lager für „Arbeitsverpflichtete" aus Ungarn mit errichten muss, sieht er auf den Fluss und bezieht sich in seinem Brief an Ferdl in gewohnt lapidarer Kurzform auf einen Spruch, der dem antiken Philosophen Heraklit (um 520 – um 460 v. Chr.) zugeschrieben wird: „[…] du weißt, immer derselbe Fluss und immer anderes Wasser" (389). In Heraklits z.T. von anderen Philosophen überlieferten *Fragmenten* heißt es z. B.: „Wir steigen in denselben Fluss und doch nicht in denselben; wir sind es, und wir sind es nicht." (Fragment 49) Durch den Hinweis auf den vorsokratischen Philosophen eröffnet sich für den Leser ein Raum, in dem er über Identität und Veränderung, Dauer im Wandel, Beständigkeit und Werden nachzudenken angeregt wird – Themen, die über das allgemeine Interesse hinaus in der Kriegssituation besonders von Belang sind.

Auch Kurt denkt öfter über die Zeit nach – und damit auch über seine Identität und Entwicklung

Darstellung

Aufbau und Erzählperspektive

KURZINFO

Veränderung herkömmlicher Erzählformen
- Die Entstehungsgeschichte des Romans *Unter der Drachenwand* bestimmt den Aufbau: unmittelbare Wiedergabe der Ereignisse und Zustände durch die in der Situation lebenden Personen.
- Dies bestimmt auch die Erzählperspektive: Es gibt mehrere „klassische" Ich-Erzähler.
- So entstehen verschiedene, sich gegenseitig ergänzende, teils relativierende Erzählstimmen.

Unter der Drachenwand weist einen ungewöhnlichen Aufbau und damit zusammenhängend auch eine uneinheitliche Erzählweise auf. Aufgrund der Romanidee (vgl. S. 8 der vorliegenden Lektürehilfe) traf der Autor eine wichtige Entscheidung: Er schuf eine Gruppe „klassischer" Ich-Erzähler, beschränkte sich also nicht auf die Perspektive eines einzelnen Erzählers, sondern ergänzte, manchmal auch konterkarierte, diese mit anderen Erzählstimmen:

> „Ach, ich möchte immer ein dreidimensionales Bild von der Welt bekommen, und der Blick aus nur einem Fenster, den finde ich nicht so spannend wie den Blick aus sehr unterschiedlichen Fenstern. Und dann kommen so perspektivische Brechungen auch, manches relativiert das andere." (Arno Geiger im Gespräch mit Andrea Gerk vom 5. Januar 2018, in: https://www.deutschlandfunkkultur.de/arno-geiger-ueber-seinen-roman-unter-der-drachenwand-jede.1270.de.html?dram:article_id=407604)

So ist zwar Veit Kolbe im überwiegenden Teil des Romans der Erzähler aufgrund seiner Tagebucheinträge. Durch das übergangslose, zu Anfang kaum merkliche Einfügen von Briefen dreier anderer Figuren entsteht aber eine Mehrperspektivität, die einerseits die Beziehungen zwischen den Figuren genauer zu bestimmen vermag und andererseits den gesamten Erfahrungshorizont der Kriegssituation zu erweitern hilft.

Bewusst wird durch die „Nachbemerkungen" als Abschluss des Romans die Frage provoziert, ob es die Personen nicht vielleicht doch in der Realität gegeben habe. Arno Geiger hat ein schönes Bild für die Beziehung seines Romans zu den ihm bekannten Originalbriefen und -tagebüchern gefunden: „Ich würde es so sagen: Der Roman ist ein erfundenes Haus mit echten Türen und Fenstern" (Arno Geiger im Gespräch mit Andrea Gerk). Rezensenten sprechen bei diesem Roman demzufolge von „Authentizitätsfiktion" (Iris Radisch) oder „Dokumentarfiktion" (Meike Fessmann). Dietmar Jacobsen nennt den Roman ein Werk,

> „in dem es dem selbst erst 1968 geborenen Autor auf beeindruckende Weise gelingt, die Realität der letzten Kriegsmonate, die er sich mithilfe von Tagebuchaufzeichnungen, Briefen und anderen Selbstzeugnissen aus jenen Tagen lesend erarbeiten musste, schreibend nachzuerfinden."
> (Dietmar Jacobsen, „Ein leerer Raum, in dem das Leben verschwindet", in: https://literaturkritik.de/geiger-unter-der-drachenwand-ein-leerer-raum-in-dem-das-leben-verschwindet,24320.html)

Bezug des Romans zu realen Dokumenten

Die Schauplätze

Orte und ihre Bedeutung im Roman *Unter der Drachenwand*

- Die Hauptschauplätze Mondsee mit Drachenwand und Schwarzindien haben für Veit ambivalente Bezüge, sind Schutz, aber auch bedrohte Idylle.
- Die Wirkung der Orte auf ihn ist stark von seinen Kriegserlebnissen und seiner inneren Entwicklung geprägt.
- Die riesigen Gebiete der damaligen Sowjetunion symbolisieren für Veit Kälte, Grausamkeit, Lebensfeindlichkeit in jeglicher Hinsicht.
- Hainburg und das ehemalige Carnuntum im Osten Österreichs sind ebenfalls Orte, die mit Krieg und Tod verbunden sind.

Die Schauplätze bzw. die jeweils erwähnten Dörfer, Städte und Länder sind genauso real wie die historischen Daten. Der Titel *Unter der Drachenwand* signalisiert bereits den Hauptort des Geschehens: die Kleinstadt Mondsee am Südrand des gleichnamigen Sees im oberösterreichischen Salzkammergut. Die Drachenwand ist eine senkrecht vom See her knapp 600 m auf-

Reale Orte

ragende, etwa 1 km lange Felswand in der Nähe. Diese Landschaft, die Idylle und Bedrohung in sich vereinigt, wird ergänzt durch den Ortsteil Schwarzindien, der bis heute diesen Namen trägt. Darüber hinaus erstrecken sich Stadt- und Landbeschreibungen von Oberösterreich über Wien hin in den Osten, nach Budapest bzw. Ungarn, zu den Schlachtfeldern in der damaligen Sowjetunion und dem heutigen Polen, zum Wohnsitz von Margots Mutter in Darmstadt sowie weit entfernt nach Berlin, Brasilien und Südafrika.

Die Schauplätze spiegeln gleichzeitig Atmosphäre und Befindlichkeiten der Figuren wider

Den zentralen Schauplatz bilden also **Mondsee** und Umgebung, mitsamt Drachenwand und Schwarzindien. Auch wenn diese Namen reale Örtlichkeiten bezeichnen, spiegeln sie für den Protagonisten und somit auch für den Leser Facetten der Atmosphäre am Ende des Zweiten Weltkriegs wider. Mondsee wird aus der Sicht Veits dargestellt, abhängig immer von seinem jeweiligen Bezug zum Kriegsgeschehen.

Veits Eindrücke von Mondsee sind ambivalent

Zu Beginn verspürt Veit eine Ambivalenz gegenüber der Landschaft, seine präzise Beschreibung deutet bereits die Schutzfunktion des zunächst vom Kriegsverlauf verschonten Ortes an. Die Drachenwand gilt ihm als eine „breite Brust" (32), den Ort Mondsee empfindet er als „hübsch" (35), er sieht ihn als „Verheißung" (ebd.), aber gleichzeitig betont er auch die Kälte des Klimas und irritierende Elemente wie z. B. die zwei Kirchtürme, deren Uhren zu verschiedenen Zeiten stehen geblieben sind, „was eine dissonante Atmosphäre über den Ort warf" (ebd.). Die alte Ordnung trägt nicht mehr.

Einige Monate später (Mai 1944) sind der Krieg und damit auch die für die NS-Sympathisanten schon erahnbare Niederlage näher an Mondsee herangerückt. Der Ort ist nun geprägt von „überfliegenden Bomberstaffeln, Todesfällen, Latrinengerüchten und Stromausfällen" (191). Veit lässt sich davon in seiner Stimmung anstecken: „Egal, was man vom Fortgang des Krieges halten mochte, ein schlechter Wehrmachtsbericht machte so viele Menschen übellaunig, dass man unweigerlich etwas abbekam." (Ebd.)

Nachdem Veit froh ist, eine erneute Zurückstellung vom Kriegseinsatz erreicht zu haben, betont er wieder das Friedliche des Ortes, in dem er nun seine Liebe, Margot, gefunden hat: „Die Heckenrosen blühten, die Wiesen leuchteten von Blumen" (228). Doch als Veit gegen Ende des Jahres die Order nach Wien erhält, ist er zunächst froh, Mondsee verlassen zu können. Er fühlt sich dort nach der Erschießung des Onkels nicht mehr sicher (vgl. 420). Veit kehrt aber gern aus dem zunehmend zerstörten Wien (Winter 1944) nach Mondsee zurück, auch wenn sich dort die Lage verschlechtert hat. Margot und Lilo warten auf ihn, und noch mehr als zuvor sieht er das Harmlose der örtlichen Szenerie. Ort und Berge erscheinen ihm nun „kleiner und freundlicher als bisher" (462), weil er weiß, dass der Krieg bald zu Ende sein wird. Das Kriegsende erlebt Veit – so ist den „Nachbemerkungen" zu entnehmen – auch in Mondsee.

Veits Eindrücke wechseln mit seinen jeweiligen Gefühlszuständen

Die Drachenwand mit dem Mondsee im Vordergrund
© Westend61 GmbH / Alamy Stock Foto

Legendenhafte Züge der Drachenwand

Insgesamt weckt der Name des Ortes auch beim Leser Assoziationen zum Magischen, Romantischen, Bedrohlichen, Dunkeln, aber auch Abgelegenen und damit Rettenden. Ähnlich ist es mit dem titelgebenden Namen der auch in der Realität nur schwierig zu erkletternden **Drachenwand**. Im „Drachen" zeigt sich schon ein Bezug zur Sagenwelt. Einheimische Legenden erzählen von einem Ritter, der hier einst einen Drachen besiegt haben soll. Die schroffe Form der Drachenwand bzw. ihre steil vom See her aufsteigende Seite birgt für Veit Schutz und Bedrohung zugleich.

Veit assoziiert mit der Drachenwand Schutz, aber auch Todesimpressionen

Der Titel des Romans kehrt gleich zu Beginn von Veits Aufzeichnungen in Mondsee wieder, als er sich erstaunt seiner neu erworbenen Sicherheit an diesem Ort bewusst wird: „[…] lebendig, alle Knochen dran, bald vierundzwanzig Jahre alt, mit eigenen Gedanken und eigenen Gefühlen. Am Mondsee. Unter der Drachenwand." (45) Später betont er zunehmend deren Ähnlichkeit mit einem Totenkopf und damit mit dem Tod, z. B. nennt er sie einen „mächtige[n] Felsenschädel" (165). Als Veit erfährt, dass das Lager der landverschickten Mädchen aufgelöst wird, und er dadurch wieder einen Schub an Verunsicherung erleidet, erscheint ihm das Leben „wieder unheimlich. / Rasch wandte ich mich ab, und mit dem mächtigen Felsenschädel der Drachenwand im Rücken ging ich davon." (354)

Ambivalenz der Drachenwand für Kurt und Nanni: gemeinsames Ziel und Ort von Nannis einsamem Tod

Auch für die Geschichte von Nanni und Kurt hat die Drachenwand eine ambivalente Bedeutung. Zunächst ist sie für beide eine Art Sehnsuchtsziel: Die für Ostern gemeinsam mit dem Freund Ferdl geplante Besteigung macht den Berg in diesem Kontext zu einem Symbol für Freiheit und Rückzug vom Krieg. Aber nach Kurts Einberufung besteigt Nanni den Berg allein und findet den Tod. Die Leiche des lebensfrohen und selbstbestimmten Mädchens, das bislang durch Konvention und Dressur unter der NS-Ideologie eingeengt war, wird erst Monate später, von Tieren zerfetzt, in der wilden Natur entdeckt.

Als Veit am Ende des Romans Mondsee wegen seines erneuten Kriegseinsatzes verlässt, sieht und beschreibt er die winterliche Drachenwand ein letztes Mal: „Die Drachenwand zeichnete sich deutlich ab, ein über die klirrenden Wälder gereckter Schädel, der mit leeren Augen auf die Landschaft herabstierte." (475) Er denkt an Nanni und zieht auch ein Resümee für sich selbst:

> „Dann verschwand die Wand aus meinem Blick, und ich schloss die Augen im Wissen, dass wie vom Krieg auch vom Mondsee etwas in mir bleiben wird, etwas, mit dem ich nicht fertig werde." (476)

Der letzte Satz bezieht sich also auf die zwei zentralen Örtlichkeiten, die als Symbol, Spiegelung und Vertiefung für die Erlebnisse Veits stehen und – das ahnt er schon – kaum oder gar nicht zu verarbeiten sind.

Schwarzindien, zwischen dem Ort Mondsee und dem Nachbarort Sankt Lorenz gelegen, ist eine weitere Örtlichkeit, die einen großen assoziativen Radius aufweist. Der reale Ortsteil trägt den Namen aufgrund seiner Geschichte: Ende des 19. Jahrhunderts wurde der Ort von Jugendlichen als bislang einsam gelegener Badeplatz entdeckt. Sie sonnten sich dort und erwarben – damals noch neu und ungewohnt – eine dunkle Sonnenbräune, so dass die Bauern des Ortes sie die „schwarzen Indianer" nannten. Daraus entwickelte sich eine kleine Künstler- und Boheme-Idylle, deren Kern die „Mondseebruderschaft" bildete, die den Ort dann „Schwarzindien" nannte – in Erinnerung an Christoph Kolumbus und seine Suche nach dem Seeweg nach Indien. Später wurde die Stelle ein allgemeines Ausflugsziel mit Gasthaus und eigener Bahnstation. Bis heute ist dieser Ortsteil eine beliebte Feriengegend.

Es ist kein Zufall, wenn Schwarzindien innerhalb der Topografie des Romans eine herausragende Rolle erhält. Kurt nennt in seinen Briefen diese Gegend oft nur „Indien" (z.B. 106, 109, 236). Bilder aus einem märchenhaft und exotisch verstandenen Indien werden im Text häufig benutzt, z.B. wenn Kurt imaginiert, dass Nanni den Heiratsantrag eines Maharadschas abgelehnt hat (vgl. 233). Er hat Sehnsucht nach der seit drei Monaten vermissten und für ihn immer weiter entfernt scheinenden Nanni:

Schwarzindiens ungewöhnlicher Name und wechselhafte Geschichte

Für Kurt hat Schwarzindien etwas Exotisches, Magisches

„*Schwarzindien* … das klingt heute ganz anders als im März, jetzt klingt es, als liege es nicht um die Ecke. […] Und warum schreibst du mir von dort, wo du bist, keine Karte? Vom Ganges." (243)

Zu Kurts Träumen von der Zukunft gehört es, einmal mit dem Motorrad durch Amerika zu fahren – und er bezieht sich dabei auf Kolumbus: „[…] man muss von Indien träumen, um Amerika zu finden." (235) Immer noch wartet er auf die Antwort von Nanni, ob sie ihn begleiten wird.

Ein weiteres Element im Bedeutungsspektrum von Schwarzindien ist dessen eher bedrohliche Seite für Veit. Das Lager für die Mädchen in der Kinderlandverschickung befindet sich dort. Veit fühlt sich fremd unter den Mädchen, deren einer Dressur ähnelnden Erziehung (vgl. 324) er beobachtet, und zur Lehrerin kann er keine Beziehung aufbauen. Ein wenig Melancholie schwingt mit, als er erfährt, dass das Lager aufgelöst wird: „Schade um Indien" (353). Für ihn ist dennoch Schwarzindien kein Traumort. Nachdem er den Onkel in dem dortigen Gasthof getötet hat, verschwindet der Ort für ihn völlig in der Dunkelheit: „Und so wandte ich alledem den Rücken, dem schwarzindischen Lager, der schwarzindischen Lehrerin, der toten Nanni und dem toten Onkel." (367)

Für Kurt ist Schwarzindien Ausdruck seiner Sehnsucht nach Frieden, Freiheit, auch Eros, gepaart mit Abenteuerlust und Entdeckerfreude. Aber auch andere Örtlichkeiten im Roman bilden einen Kontrast zum jeweiligen Kriegsgeschehen bzw. zum durch den Krieg sehr eingeschränkten Leben in Mondsee oder Wien. Dazu gehört der langjährige Wohnort des Gärtners in Rio de Janeiro; der sogenannte Brasilianer nennt seine Gärtnerei selbst „*Klein Brasilien*" (302). (Zur Bedeutung Brasiliens für ihn vgl. S. 47 der vorliegenden Lektürehilfe.)

Die erwähnten Orte in **Russland** und der Ukraine (der Begriff Sowjetunion erscheint im gesamten Roman nicht) lassen sich historisch wie geografisch im Hinblick auf das reale Kriegsgeschehen einordnen. Dass der – eigentlich damals korrekte – Ländername „Sowjet-

Für Veit hat Schwarzindien eher etwas Bedrohliches, am Ende Tödliches

Brasilien als Kontrastort

Russland steht für Bedrohung, Kälte, Krieg

union" nie fällt, kann möglicherweise damit zusammenhängen, dass der Text aus der Sicht der zeitgenössischen Figuren verfasst ist. „Russisch" und „Russland" hatte für die meisten der damaligen Bewohner des ‚Großdeutschen Reiches' eine emotional weitaus bedrohlichere Komponente als die sachlich richtige, aber neutrale Bezeichnung Sowjetunion. Einsamkeit, endlose Weiten, Eis, Schneestürme und Schlamm zeichnen für den Soldaten Veit die russische Landschaft aus. Immer wieder erwähnt er die außerordentliche Kälte des Landes, er sieht sie symbolisch für den zeitgeschichtlichen Kontext:

Symbol für die Kälte der Epoche

> „In Russland war es so kalt gewesen, dass man meinen konnte, die Winter stiegen unmittelbar aus den Kriegsjahren herauf, eine Ausströmung der Epoche." (38)

Ein Ort aus dem Kriegsgeschehen sei hier noch hervorgehoben: **Hainburg**, wo Veit dem dort in der Nähe stationierten Kurt dessen Briefe an Nanni bringt. Der reale Ort Hainburg an der Donau (heute grenzt er als der östlichste Österreichs an die Slowakei) weist eine lange kriegerische Tradition auf. So besitzt der Ort bis heute eine der ältesten Befestigungsanlagen Europas, sie stammt aus dem 13. Jahrhundert. Im „Großen Türkenkrieg" im 17. Jahrhundert überlebten nur wenige der Einwohner. In der „Blutgasse" (der Straßenname existiert immer noch) verhinderten Massaker und Massenpanik die Flucht. Als Veit dort hindurchgeht, spiegeln seine Gedanken an die Geschichte wieder seinen durch den Krieg entstandenen Fatalismus:

Auch Hainburg ist mit Krieg und Tod verbunden

> „Und das Leben ging weiter. Städte versanken, wurden wieder aufgebaut, Menschen wurden ermordet, einmal hier, einmal dort, einmal auf dieser Seite, dann auf der andern, caramba." (444)

Und im Winter 1945 führte der Todesmarsch der ungarischen Juden, die als Zwangsarbeiter den Südostwall bauen sollten, durch Hainburg. Oskar Meyer befindet sich auf diesem Todesmarsch; seine letzte Notiz besagt, dass er nun in der Nähe von Hainburg sei (vgl. 418). Veit, auf dem Weg von Hainburg nach Berg, berichtet als Augenzeuge von diesem Todesmarsch und sieht dort zufällig auch Oskar (vgl. 452).

Das historische, nicht mehr existierende Carnuntum erinnert an Kriege aus der Römerzeit

Hainburg liegt in der Nähe der alten römischen Stadt **Carnuntum**, die zu den bedeutendsten Städten des römischen Imperiums gehörte, insbesondere im zweiten und dritten Jahrhundert nach Christus. Kaiser Marc Aurel hatte dort sein Hauptquartier im Kampf gegen den germanischen Volksstamm der Markomannen (171–173). Als Veit mit dem Zug nach Hainburg fährt, passiert er auch die Stelle des ehemaligen Carnuntum und denkt sofort an das Ende dieser großen Stadt:

> „[…] und weil ich das Talent besitze, überall durch die Hülle hindurch das Totengerippe zu sehen, nahm ich unter den Äckern die Reste der ehemaligen Großstadt wahr. […] alles ist zugedeckt, nur ein paar Steine liegen herum" (444).

Die Erinnerung lässt ihn wiederum an eben jenen römischen Kaiser und Philosoph Marc Aurel (121–180) denken. Die Tatsache, dass Veit Marc Aurels *Selbstbetrachtungen*, eigentlich eine grundlegende Darlegung von dessen Weltbild, abwertend „Selbstbeschwichtigungen […] inmitten des Irrsinns der von ihm geführten Kriege" (ebd.) nennt, weist noch einmal darauf hin, wie sehr seine Wahrnehmung und Perspektive auf die Welt

Tod und Zerstörung bestimmen Veits Sichtweise

von Tod und Zerstörung durch den Krieg geprägt ist. In dem Zusammenhang ist vielleicht auch Veits (bewusste oder unbewusste) kleine Abänderung des von ihm exakt nachgewiesenen Zitates von Marc Aurel zu verstehen. Er hebt nämlich das im Originaltext vorhandene Gegensatzpaar auf und verwendet seiner augenblicklich depressiven Stimmung entsprechend zweimal den Begriff „Unglück" (ebd.).

Sprache und Stil

Schilderung, Reflexion und Verarbeitung persönlicher Erlebnisse

- Die Figuren versuchen mithilfe von allgemeinen Sprüchen und Zitaten ihre persönlichen Erfahrungen einzuordnen.
- Die lakonische Ausdrucksweise bei der Darstellung von Erlebnissen ist eine Gemeinsamkeit der Schreibenden.
- Es gibt aber auch, besonders bei Veit, bildlich beschreibende Sprache.
- NS-Sprache wird vermieden bzw. kritisiert oder parodiert.

Gemäß den unterschiedlichen Perspektiven variiert auch der Sprachgebrauch der schreibenden Personen, wenn auch nur in Nuancen. Die Gemeinsamkeiten überwiegen die Unterschiede. Veit neigt vereinzelt zum Sentenzenhaften (z. B. „Wenn man nicht gesund ist, verdrießt einen alles", 43) Häufig versucht er, durch eine Verallgemeinerung seiner Erlebnisse („So ist auch alles Glück auf die Umstände bezogen", 15), durch literarische Bezüge wie z. B. zu Goethe (vgl. 131) oder Dante (vgl. 449) oder auch durch Zitate von Schlagerzeilen (vgl. 186, 273) seine Erfahrungen in einem kollektiven Zusammenhang zu sehen. Deutlich ist dies auch bei dem jüngeren (und naiveren) Kurt, der Orientierung in den zahlreichen Verweisen auf das indische Sprichwörterbuch seines Vaters gewinnt. Oskar Meyer zitiert auf seinem Todesmarsch den Spruch eines vor ihm gehenden Chassids, eines frommen Juden, der die Gleichgültigkeit der Welt bzw. der Natur gegenüber dem menschlichen Schicksal ausdrückt: „„Wind ist Wind, ob er nach Osten oder Westen bläst, das ist einerlei.'" (414)

Gleichwohl überwiegt in den Aufzeichnungen und Briefen die Darstellung persönlicher Erfahrungen. Dabei fällt auf, dass als sprachliches Mittel – vermutlich als Abwehr von überwältigender Leiderfahrung bzw. als Ausdruck allgemeiner sprachlicher Begrenztheit angesichts des Geschehens im Zweiten Weltkrieg – von allen Schreibenden häufig Facetten von Lakonie verwendet werden. Unter „lakonisch" versteht man eine kurze, knappe, trockene, sehr nüchterne Ausdrucksweise. Hier seien nur einige wenige Beispiele genannt:

> „Außerdem geht es westwärts. Die Schmerzen westwärts sind auszuhalten." (10, Veit)

> „Und die Frau plärrte, ja, gut, schön war es nicht, dass die Hütte brannte, aber Schuld hatten wir auch keine." (39, Veit, in Erinnerung an den Brand in einem von den deutschen Soldaten okkupierten russischen Haus)

> „Was werden wir noch alles erleben oder nicht mehr erleben." (235, Kurt)

> „Alarm haben wir oft. Es ist durchaus nicht ideal hier." (242, Kurt)

Die Sprache der Erzählenden ähnelt sich

Lakonischer Stil

> „Und wenig später: ‚Stehenbleiben! Halt!' Und einige Schüsse.
> Ich drehte mich nicht um." (414, Oskar, auf dem Todesmarsch)

Besonders Margots Mutter bedient sich häufig des lakonischen Stils, zu dem auch die unvollständigen Sätze (Ellipsen) gehören: „Ihre Mutter, Opa und Onkel tot. Ihr Vater am Westwall." (265) – „Alles kaputt, alle Leitungen unterbrochen … alles!" (Ebd.)

Im Gegensatz zum lakonischen Stil weisen vor allem Veits Aufzeichnungen häufiger eine bilderreichere Sprache auf. Die Erfahrungen von Leid, Einsamkeit und Tod, vom Verlust der Zeit und damit auch der Orientierung sowie von der Sinnlosigkeit des Krieges werden durch zahlreiche Formulierungen und Wiederholungen, die im Umfeld von „Kälte" und damit auch „Schnee" zu finden sind, unterstrichen (z. B. 27, 38, 73, 78, 129, 187, 357, 451). Aus diesen Beschreibungen ragt der Vergleich der klimatisch zu verstehenden Kälte mit der Inhumanität der Epoche (vgl. 38, 475) heraus. Die elliptische Reihung von Wiederholungen mit einem anschließenden kurzen Hauptsatz voller Alliterationen („Schnee, Schnee, Schnee. Und unter dem Schnee schläft die Schwester", 27) verstärkt den Eindruck der seelischen Erstarrung Veits.

Veits Aufzeichnungen weisen z. T. eine expressivere, bildhafte Sprache auf

Als Farben überwiegen entsprechend die Adjektive „weiß" und „grau". Dies spiegelt sich auch in Metaphern wie z. B. „knochenbleich" (462) oder in Vergleichen des Berges mit einem „Schädel" (z. B. 475). Hellere, leuchtendere Farben erscheinen im Kontext von Veits Beziehung zu seiner neuen Familie Margot und Lilo. Auch die Betonung des bunten Halstuches von Wally, Oskars vermisster Frau, stellt einen solchen Kontrapunkt dar.

Personifizierung des Krieges

Der Krieg selbst wird fast immer personifiziert (z. B. „So hatte mich der Krieg auch diesmal nur zur Seite geschleudert", 7, – „Und der Krieg rückte keinen Milllimeter zur Seite", 81) und als übermächtig dargestellt, losgelöst von menschlichem Tun und politischer Kontrolle. So stellt das Lazarett für Veit nur eine rettende „Hintertür des Krieges" (38) dar. Er sieht den Krieg als eine chronische Krankheit (vgl. 280) und damit als unheilbar an. Aufzählungen verdeutlichen das ungeheure Ausmaß der

Zerstörungen durch den Krieg: „Hamburg war kaputt, Hannover war kaputt, Frankfurt war kaputt. Wie Warschau, Rotterdam, Coventry, Belgrad, Smolensk und Woronesch." (289 f.)

Es wird immer wieder vom Gefühl des Verschwindens, des Auflösens berichtet, häufig mit dem Verb „verschwimmen" ausgedrückt (vgl. etwa 451: Veits Schilderung der Geschehnisse in der Ortschaft Berg verdeutlicht, wie sämtliche Konturen, sowohl von Landschaft als auch von Zeit und Historie, verloren gehen). Häufig erscheint den Beteiligten das gesamte Kriegsgeschehen in seiner Sinnlosigkeit als irreal. Um dies hervorzuheben, werden Beschreibungen aus dem Reich der Geister verwendet (z. B. 27, 219, 415) oder der Vergleich mit einem Traum (z. B. 449) herangezogen.

Begriffe von Auflösung und Sinnlosigkeit

In Sprach- und Wortspielen wird insbesondere Veits kritische Position gegenüber nationalsozialistischer Propagandasprache, Ideologie und dem Krieg deutlich. Sein ironischer Gebrauch der offiziellen Sprache entlarvt deren für Veit hohlen und zynischen Charakter: „Alles knapp, alles knapp … Und der Knappe Dohm schwang sich auf sein Motorrad und fuhr dem Untergang entgegen, geölt und geschmiert." (343) Sehr verdichtet werden aus Oskars Perspektive die deutsche Mentalität und die Gräuel der faschistischen Herrschaft dargestellt – besonders eindrucksvoll durch die Wortspiele mit „blau" (vgl. 411), die simultan an die „deutsche" Augenfarbe, die Färbung eines Schlages auf der Haut und die Farbe der Uniformaufschläge erinnern. Dabei gliedert Oskar die grausame Ordnung, beispielsweise das Sortieren der Zwangsarbeiter durch die SS, in die preußische Tradition ein. Vermutlich spielt die Aufspaltung des Begriffes *Deutschmeister* in „deutscher Meister" (vgl. ebd.) für den heutigen Leser auch auf das berühmte, 1944/45 entstandene Gedicht „Todesfuge" des jüdischen Dichters Paul Celan an, in dem es heißt: „Der Tod ist ein Meister aus Deutschland."

Ironisierung der NS-Propaganda

„Die Feierlichkeit zu Ehren meines obersten Dienstherrn war herangerückt, der sogenannte F.geburtstag." (170) Die nie ausgeschriebenen Worte „Hitler" oder „Führer",

Verzicht auf NS-Terminologie und Ausschreiben von Hitlers Namen

der völlige Verzicht auf die Verwendung von NS-Terminologie weisen auf Veits Distanz zum herrschenden Regime hin. Wenn Schlagworte aus dem NS-Sprachschatz genannt werden, dann nur in kritischer, parodierender Weise: „Der totale Krieg war ein totaler Betrug." (345) So wird z. B. der Kampfrichter im Sportwettbewerb der Mädchenlager im Kontext seiner nationalsozialistischen Ausbildung durch die Wortschöpfung „Reichsvolksgasmaske" (208) lächerlich gemacht. Und überdeutlich wird Veits Verachtung von NS-Redewendungen und Allgemeinplätzen, als er seine Familie in Wien besucht (vgl. 26) – ebenso seine starke Abneigung gegen Redensarten wie ‚seinen Mann stehen' (vgl. 46 f.).

Formale Gestaltungselemente

KURZINFO

Auffälligkeiten im Erscheinungsbild des Textes

- Kursiv Gedrucktes eröffnet ab und zu weitere Perspektiven bzw. kennzeichnet einen Wechsel.
- Schrägstriche rhythmisieren den Text.
- Die Art der Überschriften erzeugt einen ununterbrochenen Erzählfluss.

Realitätsfiktion

In Veits Aufzeichnungen finden sich einige Textstellen, die kursiv gedruckt und damit hervorgehoben sind. Hierbei handelt es sich entweder um Teile von Veits Tagebuch, anscheinend unmittelbar im selben Augenblick verfasst, oder um Auszüge aus Briefen anderer Personen, z. B. Nannis Mutter oder Margots Ehemann. Damit wird noch einmal der Charakter der Realitätsfiktion unterstrichen – auch durch die Einbeziehung weiterer, wenn auch nur kurz eröffneter Perspektiven.

Schrägstriche im Text deuten auf Pausen beim Schreiben (und Lesen) hin

Auffällig sind auch die Schrägstriche, die sich im gesamten Text finden. Arno Geiger selbst hat erläutert (vgl. https://www.deutschlandfunkkultur.de/arno-geiger-ueber-seinen-roman-unter-der-drachenwand-jede.1270.de.html?dram:article_id=407604), dass diese Schrägstriche mehr als ein Punkt und weniger als ein Absatz seien. Er habe die konventionelle Romanform an einem Punkt durchbrechen wollen: „[…] um zu signalisieren, für mich ist das mehr als nur ein Roman." (Ebd.) Da der Leser unwillkürlich an diesen Stellen kurz innehält, könnten die Schrägstriche im Zusammenhang des Textes vielleicht auf Pausen oder Abbrüche beim Schreiben hindeuten.

Für die Wirkung des Textes bedeutsam ist auch die Gestaltung der Kapitelüberschriften. Diese bestehen jeweils aus dem ersten Teil des ersten Satzes des jeweiligen Kapitels. Damit erfüllen sie nicht die denkbaren Funktionen üblicher Überschriften, z.B. eine ordnende, zusammenfassende oder einen Zeit-, Orts- oder auch Perspektivenwechsel vorbereitende. Im Gegenteil: Immer wenn weitere Erzählstimmen in den Text einfließen, ist der Leser zunächst verwirrt und kann erst nach und nach die jeweiligen Erzähler identifizieren. Dadurch entsteht ein kaum entwirrbares Kontinuum der Erlebnisse. Auch wenn sich die Erzähler in sehr unterschiedlichen Situationen befinden, formieren sich ihre Ausführungen zu einer Art „Knäuel" von Erfahrungen, die viele verschiedene, gleichwohl zusammenhängende Facetten der Kriegssituation abbilden.

Überschriften erzeugen ein Erzählkontinuum

Bilder und Motive

Verschiedene Bild- und Motivbereiche

- Bilder und Motive spiegeln häufig Geschehnisse des Kriegsalltags und die Gefühlssituation der Figuren.
- Bilder aus dem Bereich der Natur, v. a. aus dem Tierreich, bezeichnen oft Gegenwelten zum krassen Kriegsalltag.
- In den Text montierte Zitate aus den Medien Radio und Film und der Musik weisen einerseits auf ihre Ablenkungsfunktion durch die Herrschenden hin, bilden aber auch charakteristische Merkmale einzelner Figuren ab.

Der Roman weist einige Bilder und Motive auf, die sowohl Spiegelungen der Innenwelten der Figuren als auch Gegenwelten zum Kriegsalltag erschaffen. Diese Bilder weisen auf die Sicht der schreibenden Figuren hin. Sie zeigen aber auch den Einfluss der allgegenwärtigen offiziellen Propaganda auf die Denk- bzw. Gefühlsmuster. Besonders auffällig ist eine Reihe von Tieren, die mehrmals erwähnt werden und verschiedene Bedeutungen haben können.

Spiegelbilder und Gegenwelten

Die Bedeutung verschiedener Haus- und Nutztiere

Veit hat ein fast herzliches Verhältnis zu den Schweinen neben der Außentoilette in seiner Mondseer Unterkunft: Er vermenschlicht sie, redet mit ihnen, verabschiedet sich von ihnen vor seinem Umzug mit Margot (vgl. 471). Für ihn – im Gegensatz zu Margot – bedeuten sie eine Art Ruhepol, er spricht sogar von Wohlgefühl in ihrer Nähe (vgl. ebd.). Margot (und später auch Veit) entwickelt dagegen, sozusagen stellvertretend für den verhafteten Brasilianer, eine liebevolle und fürsorgliche Beziehung zu der von der Gestapo schwer verletzten Hündin – eine stille Art, die Grausamkeit und Verachtung der Schergen wiedergutzumachen. Sich um Krankheit und Schwäche zu sorgen heißt in der NS-Ideologie, sich um sogenanntes ‚lebensunwertes Leben‘ zu kümmern, daher kann Margots Handlungsweise auch als innere Opposition gegen die Ziele des NS-Staates verstanden werden.

Mehrfach werden die Langhörner erwähnt, eine Rinderrasse, die durch ihr zotteliges Fell und ihre großen, breit ausladenden Hörner fast urzeitlich anmutet. Als sich Veit fast ein Jahr in Mondsee aufhält und der Winter wieder einsetzt, beobachtet er die Langhörner, die mit den Flüchtlingen aus Donauschwaben auf dem Anwesen des Brasilianers untergekommen sind: „Ihre langen Hörner mit den dunklen Spitzen waren auf einschüchternde Weise gewunden und erinnerten mich an die Hörner von Perchten.“ (357 f.) Die Perchten sind unterschiedliche dämonische Gestalten, deren Masken-Umzüge zum winterlichen Brauchtum dieser Gegend gehören. Trotz des urtümlichen Aussehens der Rinder beruhigt sich Veit bei ihrem Anblick:

> „Neugierig streckten die Kühe uns ihre perchtenhaft gehörnten Schädel entgegen. Ich streichelte einer über die schwarze Nase, und sie leckte meine Hand. Ich stellte mir vor, dass mich die Kuh vom Fluch der Geschichte befreien konnte mit ihrer langen Zunge.“ (459 f.)

Das Motiv massiger Tiere zeigt sich auch in den Briefen Kurts. Darin haben entsprechende Bilder eher eine ruhige, ausgleichende Wirkung. So vergleicht er z. B. die relativ gute Ernährung Nannis im Lager mit der Mast von Flusspferden (vgl. 99). Als Kurt mitten im Kriegsgeschen die Gelegenheit zu einem kurzen Thermalbad erhält, taucht er „wie ein Nilpferd" (396). Die archaisch wirkenden Lebewesen vermitteln mit ihrer Ausstrahlung von evolutionsgeschichtlicher Dauer, von Unberührtheit durch die Kriegsschrecken ein Gefühl von Wärme und In-sich-Ruhen.

Demgegenüber signalisieren Vögel wie Nebelkrähen (vgl. 392) oder Fischreiher (vgl. 98) heraufziehende Katastrophen. Die Vorstellung, sie könnten vom Himmel herunterfallen (vgl. 386), unterstreicht erneut die Atmosphäre des Verlustes einer grundlegenden Ordnung in der Welt. Insgesamt kündigen auffliegende Vögel oft eine Veränderung des Geschehens an bzw. verstärken den jeweils vorherrschenden Eindruck der Szenerie, wie etwa der Vergleich einer weinenden, hilflosen Frau im Mantel mit einem angeschossenen Vogel (vgl. 456).

Lediglich Vögel symbolisieren Gefahr oder Unglück

Zur nationalsozialistischen Propagandamaschinerie gehörten die relativ neuen Massenmedien wie Radio und Film. Veits Vergleiche der „Kinderdressur" der landverschickten Mädchen mit einer „Leni-Riefenstahl-Choreografie" (324) und der Predigt des Pfarrers bei Nannis Beerdigung mit den Phrasen eines an der Front gezeigten erfolgreichen Films der NS-Zeit, *Die goldene Stadt* (vgl. ebd.), zeigen die kritische Haltung Veits gegenüber dieser Propaganda. Dem von den Nationalsozialisten offiziell gewünschten Ablenkungscharakter von Radio und Kino steht die Musik des Brasilianers gegenüber, die er selbst spielt und singt oder auf Schallplatten hört – zum Ausdruck seiner persönlichen Gefühle und Wünsche. Auch Veits Lieblingsschallplatte mit einem Liebeslied stammt aus dem Besitz des Brasilianers (vgl. 473).

Massenmedien als Instrumente der NS-Propaganda

Musik vermag auch in anderen Momenten die Stimmungen der agierenden Personen zu unterstreichen, z. B. Veits Glücks- und Wohlgefühl beim Anblick des Kindes Lilo (vgl. 186: Rosita Serrano singt *Es leuchten die Sterne*). Nannis Lebensfreude drückt sich in ihrem musikalischen Favoriten, dem Walzer *Dorfschwalben* (vgl. 244), aus. Bezeichnend für ihre selbstbewusste Persönlichkeit ist ein von ihr geschriebener Zettel, den man nach ihrem Verschwinden in ihrem Rucksack findet: „*So bin am*

Liebe zur Musik als Ausdruck individuellen Empfindens

ganzen Leibe ich, so bin ich und so bleibe ich, yes, Sir!" (151) –
die Zeile aus einem Lied der damals sehr populären Sän-
gerin Zarah Leander.

Musik als Spiegel der Persönlichkeiten

Andere Titel bekannter Wiener Lieder, z.B. *Zuschaun
kann i ned* (101) oder *Frühling in Wien* (103) – jeweils im
Walzertakt und vor der NS-Zeit entstanden –, zitiert
Kurt, um seine Verbundenheit zu Nanni auszudrücken.
Margot hört sich im Radio die Oper *Lohengrin* von Ri-
chard Wagner an (vgl. 350), währenddessen Veit Zeit für
sich allein findet („strolchend ins ewig unveränderliche
Blaue", ebd.). Margots Mutter drückt ihr Unverständnis
gegenüber den Wünschen ihrer in Berlin lebenden jüngeren Tochter mit dem schon im 19. Jahrhundert bekannten Volksstück *Du bist verrückt, mein Kind, du musst
nach Berlin* aus (vgl. 273).

Allgegenwart des Soldatensenders

Zweimal werden offizielle Radiosendungen erwähnt.
Als Veit kurz davor ist, den Onkel zu erschießen, hört er
den in der Wirtsstube eingeschalteten Soldatensender.
Dieser „schickte Grüße hinaus in die Welt, die für die
deutschen Soldaten von Tag zu Tag kleiner wurde" (364).
In dem Augenblick, als der Onkel tödlich getroffen ist,
ertönt im Radio „das betörende Lied vom *Karussell*" (366),
gesungen von Evelyn Künneke. Der damals sehr häufig
im Radio gespielte Schlager spiegelt in Text und Musik
das sich immer schneller drehende Karussell – ein Bild
der Haltlosigkeit, ständiger schneller Wiederholung
und des daraus entstehenden Schwindels.

Veits Vater, der unbelehrbare NS-Anhänger, hat in Wien
sein Radio so manipuliert, dass beim Nahen feindlicher
Flieger das übliche Radioprogramm nicht mehr zu hören ist, sondern nur noch der Sender der Partei (vgl.
428) – so setzt er ein Zeichen für seine direkte Teilnah-
me am Kriegsgeschehen und unverbrüchliche Treue zur
Regierung.

Facetten der Kritik zeigen sich dagegen durch den Einbezug des Soldatenlieds *Ich hatt' einen Kameraden* (326),
von den landverschickten Mädchen auf der Beerdigung
Nannis gesungen – ein Kontrast zwischen deren Welt in
Schwarzindien und Veits Erlebnissen auf dem Schlacht-

feld, wo er an vielen Begräbnissen teilnehmen musste. Auch das Zitat einer Zeile aus *Stille Nacht, heilige Nacht* durch Veit ist eine sarkastische Verstärkung des von ihm kritisierten Opportunismus des Onkels: „Nicht umsonst auch das aus der Gegend stammende Weihnachtslied ... *schlafe in himmlischer Ruh.*" (347) Veit bezieht sich damit auf die Überzeugung des Onkels, dass Ruhe die erste Bürgerpflicht sei.

Bekannte Lieder als kritischer Kontrapunkt

Ein weiteres auffälliges Motiv stellt der Strumpfbandgürtel dar, den Veits Mutter ihm zur Fixierung des ständig hinabrutschenden Verbandes seiner Oberschenkelverletzung gibt (vgl. 25). Üblicherweise ein Accessoire der Frauenkleidung, erzeugt dies – noch dazu mit der wohl scherzhaften Bemerkung der Mutter, sie hoffe, er sei nicht homosexuell geworden – den Eindruck, dass Veit ein noch nicht erwachsener, eher weicher, ‚unmännlich' junger Mann ist. Zunächst nimmt er das Angebot an, zumal es sich als praktisch erweist; außerdem sieht er in dem Strumpfbandgürtel eine Verbindung zu seiner Mutter, die ihm näher steht als der Vater. Später in Mondsee aber, als er beginnt, sich langsam zu orientieren und seine Persönlichkeit sich festigt, ist ihm peinlich, dass Margot das Teil in seinem Zimmer sieht (vgl. 131). Schließlich schickt er ein Päckchen mit dem Strumpfbandgürtel zurück nach Wien (vgl. 156) – ein Zeichen, dass nicht nur die Verwundung geheilt ist, sondern in gewisser Weise auch er selbst. Unter anderem durch den Einfluss des Brasilianers und die wachsende Vertrautheit mit Margot ist er langsam zu einem kritischen und einfühlsamen Mann geworden.

Der Strumpfbandgürtel symbolisiert die Pole in Veits Entwicklung

Worterläuterungen

Die folgenden Erläuterungen erklären schwer verständliche Wörter und fremdsprachliche Ausdrücke in Arno Geigers *Unter der Drachenwand*, deren Bedeutung weder aus dem Romantext noch der Interpretation hervorgeht. Die Ziffern beziehen sich auf die Seitenzahlen der zugrunde gelegten Textausgabe.

14 **Schachtelton:** dumpfer Klang

15 **Keitel:** Generalfeldmarschall Wilhelm K. (1882–1946), Chef des Oberkommandos der Wehrmacht 1938–45; wurde 1946 im Nürnberger Prozess als einer der Hauptkriegsverbrecher zum Tode verurteilt und hingerichtet

19 **Bonzen:** Funktionäre

24 **Asparagus:** Zierspargel (Zimmerpflanze)

34 **von tosischer Form:** (österr.) für ein Sicherheitsschloss geformt

37 **Protektorat:** Protektorat Böhmen und Mähren; 1939–45 tschechoslowakisches Gebiet unter NS-Herrschaft

37 **Diakonissinnen:** Gemeinschaft von Ordensschwestern, die in Aufgaben der evangelischen Kirche tätig sind, z. B. in Krankenhäusern und Pflegeheimen

41 **Reichsdeutsche:** hier: weibliche Person mit deutscher Staatsangehörigkeit, innerhalb der Grenzen des Deutschen Reichs lebend

42 **Primar:** Arzt in leitender Funktion, Chefarzt
Dammriss: Einriss der Haut oder Muskulatur des Dammes (Körpergegend zwischen After und Scheide bzw. Hoden)

43 **Dürrkräutler:** (österr.) herumziehender Verkäufer von getrockneten Heilkräutern

47 **Pimpfe:** Mitglieder des Jungvolks, eines Teils der Hitlerjugend für Jungen von 10 bis 14 Jahren

55 **Gewurl:** Gedränge, Gewimmel

62 **Fremdarbeiterinnen:** ausländische Zwangsarbeiterinnen

66 **Kopeke:** kleinste russische Münze (100 Kopeken = 1 Rubel)

70 **Völkerbund:** seit 1920 zwischenstaatliche Organisation mit Sitz in Genf, Vorläufer der UN

71 **Serra do Roncador:** (port.) Bergkette in Zentralbrasilien, die ihren Namen vom Geräusch des Windes herleitet, der nachts an den Felshängen entlangweht und dem Schnarchen einer schlafenden Person ähnelt

72 **Reißerei:** Betrieb, in dem Alttextilien maschinell zerkleinert werden

76 **Batschka:** Region in Mittel- und Südosteuropa; während des Zweiten Weltkriegs als Teil Jugoslawiens von der deutsche Wehrmacht besetzt

77 **Adeus:** (port.) Auf Wiedersehen

79 **ausgreifen:** (österr., ugs.) unsittlich berühren

80 **Fliegende Festungen:** von engl. *Flying Fortresses*, bekannteste Bomber der US-Luftstreitkräfte im Zweiten Weltkrieg (Boeing B-17)

94 **Einrexen:** Einkochen

100 **keppelt:** (österr.) schimpft, nörgelt

103 **Tarockieren:** Tarock (altüberliefertes Kartenspiel zu dritt) spielen

106 **Fadität:** (Jugendsprache) Langeweile

107 **Paninkas:** (russ.) Frauen; auch: Weiber

108 **Schorsche:** vermutl. Mundartform von Georgia

111 **Dorotheum:** Auktionshaus in Wien

112 **Konsignation:** Aufzeichnung, Niederschrift

114 **Affidavit:** Bürgschaft eines Bürgers des Aufnahmelandes für einen Einwanderer

118 **Hlatikulu:** Ort im südlichen Afrika, dem heutigen Königreich Eswatini

123 **Rosenberg:** Alfred R. (1893–1946), führender Ideologe der NSDAP

147 **Höllenstein:** Ätzstift mit dem Wirkstoff Silbernitrat

154 **Trafiken:** (österr.) Geschäfte für Tabakwaren, Zeitungen und Schreibwaren

Remise: Schuppen zum Abstellen von Wagen oder Kutschen

169 **Journalzimmer:** Zeitschriftenleseraum

177 **Menino:** (port.) Junge, Bursche

232 **Batterie:** Zusammenstellung mehrerer Geschütze

242 **Buerlecithin:** pflanzliches Arzneimittel zur Nervenstärkung

245 **utca:** (ung.) Straße

251 **Pengő:** (ung.) ehemalige ungarische Währung 1927–45

252 **Chassiden:** Anhänger(innen) des Chassidismus, einer osteuropäischen Strömung im Judentum

258 **Tscholent:** Eintopfgericht der ostjüdischen Küche für die Mittagsmahlzeit am Schabbat, das bereits am Freitag vor Schabbatbeginn zum Kochen gebracht und dann langsam gegart wird

263 **Strauß:** Auseinandersetzung, Kampf

Dalles: (jidd.) 1. Geldverlegenheit; 2. Unwohlsein, Erkältung

Debrezen: Debrecen, Stadt in Ungarn

284 **Emphysem:** krankhafte Aufblähung von Gewebe oder Organen, besonders der Lunge

294 **Bom dia:** (port.) Guten Morgen!

297 **Heliotrop:** Vanilleblume (südamerikanischer Strauch)

299 **Mandioka:** Stärkemehl aus den Wurzelknollen des Manioks (tropische Pflanze)

310 **Volkssturm:** militärische Formation in der Endphase des Zweiten Weltkriegs; umfasste alle Männer von 16 bis 60 Jahren außerhalb der Wehrpflicht

315 **Tschicksammler:** (österr.) Kippensammler

324 **Leni Riefenstahl:** deutsche Schauspielerin und Regisseurin (1902–2003); drehte während der NS-Zeit aufwändige Filme im Dienste der nationalsozialistischen Propaganda

334 **Karfiol:** (österr.) Blumenkohl

335 **Germ:** (österr.) Hefe

337 **Gobineau:** Joseph Arthur de G. (1816–82), französischer Diplomat und Schriftsteller; gilt als einer der Begründer des rassistischen Denkens

370 **Eichbaumeck:** Am Eichbaumeck, Straße in Darmstadt

abzubeuteln: (österr.) abzuschütteln

384 **Matura:** (österr.) Abitur

389 **Schanzen:** mit dem Spaten eine Verteidigungsanlage aus einem Erdwall errichten

396 **Lobau:** nach dem Ersten Weltkrieg beliebtes Naherholungsgebiet in Wien

397 **Schrammeln:** aus zwei Violinen, Gitarre und Akkordeon bestehende Quartette, die volkstümliche Wiener Musik spielen

400 **Pfeilkreuzlerbanden:** Banden von Anhängern einer faschistischen und antisemitischen Partei in Ungarn (1935–45)

401 **Buchteln mit Powidl:** (österr., Pl.) mit Pflaumenmus gefülltes Hefegebäck

402 **Zsidó:** (ung.) Jude

Schwamm: (österr.) Schimmel

420 **Wurmpulver:** medizinisches Mittel gegen Wurmbefall bei Tieren

432 **Galizierinnen:** Einwohnerinnen einer historischen Landschaft in der Westukraine und Südpolen

450 **Messerschmitt 109:** einmotoriges, einsitziges deutsches Jagdflugzeug

479 **Königstiger:** schwerster deutscher Kampfpanzer im Zweiten Weltkrieg

❸ Schnellcheck

Übersicht 1: Chronologie der Handlung

Übersicht 2: Die erzählenden Figuren

Übersicht 3: Figuren im Umfeld der Erzählenden

Übersicht 4: Liebe in Zeiten des Krieges

Übersicht 5: Funktion der Erzählstruktur

Übersicht 1: Chronologie der Handlung

Zeit	Abfolge der Ereignisse
1939–41	• Vollständige Ausgrenzung der **Juden** in **Wien**. • Spät entschließt sich **Oskar Meyer** mit der Familie zur Flucht.
November/ Dezember 1943	• **Veit Kolbe** wird an der Front verwundet, ins Lazarett und dann zurück nach **Wien** gebracht. • Nach ständigem Streit mit seinem **Vater** beschließt er, die Rekonvaleszenz bei seinem **Onkel** zu verbringen.
Januar 1944	• Veits Unterkunft in **Mondsee** ist sehr karg, die **Quartierfrau** unfreundlich. Nebenan wohnt eine **junge Frau mit Baby**. • Im Ort erleidet **Veit** eine erste Angstattacke. • Er trifft **kinderlandverschickte Mädchen** und ihre **Lehrerin**. • Das **Gewächshaus** des Brasilianers wird zur Zuflucht.
Februar 1944	• Der Kontakt zum **Brasilianer** wird enger; eine Beziehung zur Lehrerin ergibt sich nicht. • **Veit** verbringt seinen 24. Geburtstag am 26. 2. allein. • Nach zwei Jahren verschlechtert sich auch in **Budapest** die Situation der **Juden**. • Oskars Frau **Wally** und der Sohn **Georg** verschwinden.
März 1944	• **Veit** intensiviert den Kontakt zum **Brasilianer** und zu **Margot**. Mit der **Quartierfrau** hat er ständig Streit. • **Nanni** hilft Veit bei einer Angstattacke.
April 1944	• **Veit** begegnet **Nanni** vor ihrem Verschwinden. • Der **Brasilianer** äußert offen Kritik an den Nationalsozialisten, wird von der Gestapo abgeholt. • Veit übernimmt mit Margots Hilfe dessen Gärtnerei. • **Lore Neff** beschreibt die Situation in **Darmstadt**: Fliegeralarme und Materialknappheit. Ihre Sorge gilt den Töchtern. • Der Krieg rückt auch in **Wien** näher. • **Kurt Ritler** vermisst **Nanni**, plant zu Ostern einen Besuch.
Juni 1944	• Landung der Alliierten in der Normandie, Offensive der Roten Armee im Osten. • Sportwettkämpfe zur Ablenkung der Mädchen in **Mondsee**. • **Veit** fährt zur Nachmusterung nach **Wien**, wird noch einmal zurückgestellt. • **Kurt** ist jetzt Flakhelfer in der Nähe von Wien, sorgt sich um die vermisste Nanni.

Juli 1944	• Das Attentat auf Hitler wird in **Mondsee** nur zur Kenntnis genommen. • Die Dorfbewohner tratschen über Veit und Margot.
September 1944	• Der **Brasilianer** kommt vorzeitig aus der Haft frei – mehr denn je mit dem Wunsch, nach Brasilien zurückzukehren. • Luftangriffe in **Darmstadt** fordern Tausende von Toten, zerstören Gebäude und Infrastruktur. • In **Budapest** wird die Situation der Juden lebensgefährlich. • **Oskar** ist apathisch, hoffnungslos, hat Schuldgefühle.
Oktober 1944	• **Veit** fälscht Dokumente für seine erneute Zurückstellung. • **Nannis Leiche** wird in der Drachenwand gefunden; Totenmesse und Begräbnis finden in Mondsee statt. • **Oskar** meldet sich zum Arbeitseinsatz als „Schanzer".
November 1944	• Nach einem Streit mit seinem Schwager flieht der **Brasilianer** und versteckt sich in Schwarzindien. • Das Lager wird aufgelöst. • **Veit** erschießt den **Onkel**, der den Brasilianer verhaften will. • Das Überleben in **Darmstadt** wird immer schwieriger, auch Lore Neffs Ehemann ist pessimistisch. • **Frau Neff** wünscht sich ein gemeinsames Weihnachtsfest mit der Familie. • Die **Juden** werden auf einen Fußmarsch nach Berg geschickt.
Dezember 1944	**Veit** wird nach **Wien** beordert und als kriegsverwendungsfähig eingestuft. Er bringt **Kurt** Nannis Briefe, sieht zufällig **Oskar Meyer**. **Abschied von Margot** in **Mondsee**; die beiden hoffen auf eine gemeinsame Zukunft. **Kurts Division** baut in **Hainburg** ein Lager für die „Schanzer" aus Ungarn. Von Veit erhält er die **Briefe an Nanni** zurück. Nach Nannis Tod und vor dem Fronteinsatz hat **Kurt** keinerlei Hoffnung mehr. Aus der Nähe von Hainburg gibt es **Oskars letztes Lebenszeichen**. Zufällig wird er von Veit nach dessen Treffen mit Kurt noch gesehen.

Übersicht 2: Die erzählenden Figuren

Veit
- kehrt verwundet und desillusioniert von der Front zurück,
- hadert mit dem Verlust seiner Jugend und seiner Zukunftswünsche,
- gewinnt in Mondsee – trotz Angstattacken – physische und psychische Stabilität.
- Die Liebe zu Margot gibt ihm Hoffnung auf Überleben und Zukunft zurück.

Lore Neff (Margots Mutter)
- berichtet ihrer Tochter von den Verheerungen des Krieges in Darmstadt,
- ist pragmatisch, lässt Emotionen und Ängste nur selten zu.
- Ihr einziges Ziel besteht darin, das eigene Überleben und das ihrer Familie zu sichern.

Kurt Ritler
- ist am Anfang hoffnungsvoll und glücklich verliebt in seine Cousine Nanni,
- seine Einberufung verhindert ein Wiedersehen mit Nanni.
- Nach Nannis Tod und vor seinem Fronteinsatz verliert er die Hoffnung auf eine glückliche Zukunft.

Oskar Meyer
- wird als Jude in Wien mit seiner Familie ausgegrenzt und in seiner Existenz bedroht.
- In Budapest verschlimmert sich die Situation und wird lebensgefährlich für die Juden.
- Nach dem Verschwinden von Frau und Sohn befindet sich Oskar auf einem Todesmarsch nach Westen.

Der Verfasser der „Nachbemerkungen"
- schreibt in der Ich-Form,
- berichtet über das weitere Schicksal der Figuren.

Übersicht 3: Figuren im Umfeld der Erzählenden

Margot
- ist nach einer überstürzten Kriegsheirat mit ihrer neugeborenen Tochter in Mondsee evakuiert, anfangs unglücklich, gewöhnt sich aber bald an das Leben dort.
- ist Veit gegenüber offen, hilfsbereit, tatkräftig.
- Ihre langsam wachsende Liebesbeziehung mit Veit ist tief, gibt beiden Stärke und Zuversicht.
- Margot zeigt Konsequenz: will sich scheiden lassen, um mit Veit zusammenbleiben.

Onkel Johann
- als Postenkommandant ein niedriger Funktionär, agiert nur, wenn unbedingt nötig,
- ist angepasst und passiv,
- wird von Veit erschossen, als er den Brasilianer verhaften will.

Veits Vater
- als überzeugter Nationalsozialist und autoritärer Vater in ständigem Konflikt mit seinem Sohn,
- ist uneinsichtig, akzeptiert nicht die Realität des verlorenen Krieges.

Die Quartierfrau Dohm
- fanatische Nationalsozialistin und Hitler-Verehrerin,
- ist geizig, herrschsüchtig, verurteilt Veit als Drückeberger,
- aggressiv und bösartig,
- zunehmend psychisch zerrüttet wegen des für sie negativen Kriegsverlaufs (und vermutlich einer Nervenkrankheit).

Der Brasilianer
- sehnt sich zurück nach seinem Leben in Brasilien,
- hat sich in der Gärtnerei eine kleine Idylle geschaffen,
- hasst die Nationalsozialisten und ihre Ideologie.
- Seine offene Kritik ist für ihn lebensgefährlich, bringt aber auch Veit dazu, ihm zu helfen.

Herr Dohm
- Karrierist im NS-System,
- machtbewusst, brutal (erschießt die verletzte Hündin).

Nanni
- wirkt ungewöhnlich reif,
- ist empathisch,
- euphorisch durch ihre Liebe zu Kurt und die gemeinsamen Pläne,
- kann sich nicht in die Gleichförmigkeit und den Drill im Lager fügen.
- Ihr Ausbruch endet tödlich.

Grete Bildstein
- unnahbar, diszipliniert,
- weist Veit zurück,
- stellt die strenge Erziehung der Mädchen und ihren Kampf mit der Bürokratie in den Mittelpunkt,
- verrät das Versteck des Brasilianers nicht.

Übersicht 4: Liebe in Zeiten des Krieges

Die Liebe zwischen Veit und Margot

→ erwächst langsam, aus gegenseitigem Vertrauen, Offenheit, Hilfsbereitschaft,

→ kann sich in der (größtenteils) ruhigen und friedlichen Umgebung Mondsees entwickeln,

→ ist auch in sexueller Hinsicht harmonisch und erfüllend,

→ gibt beiden Stärke, Optimismus und Vetrauen auf eine gemeinsame Zukunft.

Die Liebe zwischen Kurt und Nanni

→ ist für beide ein starkes Gefühl, trifft aber auf Widerstände in ihrer Umgebung,

→ lässt sie gemeinsame Pläne für die nähere und weitere Zukunft machen.

→ Das tragische Ende entwickelt sich aus den Bedingungen des Krieges, die beide nicht mehr beeinflussen können.

Facetten von Liebe im Roman

Die Liebe Veits zu seiner toten Schwester Hilde

→ gründet in Kindheitserinnerungen und ist besonders präsent durch seine selbst erlebte Todesgefahr im Krieg,

→ wird bestärkt durch Veits Gefühl des Versagens im Angesicht des Sterbens seiner Schwester.

Die Liebe des Brasilianers

→ gilt dem Leben in Brasilien, das er zuvor geführt hat,

→ bildet für ihn den Kontrast zu seinem Hass auf die Kälte, den Krieg, die rassistische Ideologie in Deutschland,

→ hilft ihm, für sein Überleben zu kämpfen, ohne seine Überzeugungen aufzugeben.

Übersicht 5: Funktion der Erzählstruktur

Reale Orte und Zeitangaben	⬌	Überprüfbare historische Fakten und Ereignisse
Fehlen einer übergeordneten Erzählperspektive	⬌	Verifizierung der vermeintlichen Zeitdokumente in den „Nachbemerkungen"
Mehrperspektivität durch verschiedene Zeitzeugen	⬌	Verwendung direkter, subjektiver Ausdrucksformen wie Tagebuch und Brief

⬇

„Authentizitätsfiktion"
(Intention des Autors)

④ Prüfungsaufgaben und Lösungen

1. Veit im Lazarett

Textgrundlage

Unter der Drachenwand, S. 15 oben („Am wenigsten Sorgen") – S. 16 („[…] jeden Tag derselbe geblieben")

Aufgabenstellung

1.1 Fassen Sie den Auszug aus Veits Aufzeichnungen zusammen und ordnen Sie ihn in den Kontext des Romans ein.

1.2 Arbeiten Sie sprachliche Aspekte von Veits Äußerungen heraus, die dessen Haltung zu Nationalsozialismus und Krieg deutlich machen.

1.3 Ordnen Sie Veits Haltung zu Krieg und Nationalsozialismus in das Spektrum der entsprechenden Einstellungen im gesamten Roman ein.

Lösungsvorschlag

Zu 1.1
Veit berichtet zu Beginn von seiner Verletzung an der Front in Russland. Anschließend beschreibt er den Aufenthalt in einem Saarländer Lazarett, in das er im Dezember 1944 aufgrund dieser Verletzung (Kieferbruch, Wunden an Oberschenkel und unterhalb des Schlüsselbeins) gekommen ist. Die Wunde am Schlüsselbein ist nun bereits verheilt. Veit erinnert sich an seinen vierjährigen Kriegseinsatz und an die Situation, in der er als LKW-Fahrer vor etwa vier Wochen überlebt hat, sein Kamerad aber von einer Granate getötet wurde. Er erhält im Lazarett ein Verwundetenabzeichen und – wie jeder Kriegsverletzte – vier Zigaretten. Diese Art der Anerkennung lehnt er jedoch ab. Dann gibt er ein ihm vom Bäckerjungen vermitteltes Gerücht wieder, dass in Heilanstalten Patienten getötet worden seien. Auch sein Lazarett sei zuvor ein solches Pflegeheim gewesen.

Zu 1.2
Im vorliegenden Textausschnitt wird nicht nur Veits Kritik am nationalsozialistischen Regime und damit am Krieg, sondern auch seine Neigung, nicht klar Position zu beziehen, besonders deutlich: Er ist ein „Grauer".

• Die Erinnerung an den Tod seines Beifahrers und an sein eigenes Überleben bettet er in zwei Sentenzen, deren allgemeine und unpersönliche Formulierung Schmerz über den Tod und mögliche Schuldgefühle eines Überlebenden dämpfen. Dennoch ist er in der Lage, gleichzeitig Bedauern und Erleichterung auszuhalten.

• Als alle Verwundeten jeweils vier Zigaretten erhalten, umschreibt er diese

Aktion ironisch wie eine Belohnung für Kinder („eine vom F., eine von Keitel undsoweiter", 15). Die Abkürzung des im gesamten Roman nie ausgeschriebenen „Führers" (meist „F.", gelegentlich „H.") zeigt eine gewisse Distanz zum NS-Regime. Mitunter gilt das Nichtaussprechen eines Namens als möglicher Bann des Bösen, so z. B. „Der Gottseibeiuns" (Teufel).

- Veit lehnt die Ehrung durch das Verwundetenabzeichen ab. Er bezieht sich dabei auf seine Erlebnisse in vier Jahren Krieg, die er mit der Dopplung „Mühsal und Plage" und einer Vielzahl technischer Probleme seines LKW während der langen Fahrten fern der Heimat mit jeweiliger Fachbegrifflichkeit charakterisiert.
- Die Absurdität der kriegerischen Unternehmungen wird z. B. durch Alliteration verstärkt („von Wien bis an die Wolga und von der Wolga zurück an den Dnjepr", 15). Seine Mühsal und auch sein Überleben nennt er – beschönigend wie zynisch – zweifach „Pech". Veit spielt sein Überleben im Krieg herunter, hadert sogar damit. Voller Zynismus wertet er die Vergabe des NS-Abzeichens in ausdrücklichen Protest um – so z. B. durch das derbe Verb „abkratzen", das keine persönlichen Gefühle zulässt.
- Der Bäckerjunge deutet „das Wesentliche" nur an, und genau so gibt es Veit wieder. Unausgesprochen bleibt die Kenntnis, dass in Pflegeheimen im Sinne der NS-Ideologie ‚lebensunwertes Leben' vernichtet wird. Das Ungeheuerliche wird nur durch die gleich bleibende Menge des täglichen Brotbedarfs bei wachsender Patientenzahl angedeutet. In der beschönigenden Umschreibung des gewaltsamen Todes der Heiminsassen („Und die sanften Schläfer vor uns schliefen vermutlich im Himmel", 16) und des von Veit nicht kommentierten Berichtes des Bäckerjungen können sich verschiedene Reaktionen Veits zeigen, wie etwa Angst vor dem klaren sprachlichen Ausdruck des Grauens oder Verdrängung.

Zu 3:
Veit passt sich so weit nötig den äußeren Zwängen des NS-Systems an und sucht sich kleine Nischen, in denen er zumindest teilweise Ruhe finden kann. Im Lazarett gehört dazu sein Trick, so lange wie möglich an Krücken zu gehen, um nicht den Hitlergruß machen zu müssen. Im weiteren Verlauf versucht er, den Aufenthalt in Mondsee zu verlängern, und pflegt das Gewächshaus, das ein Anti-NS-Symbol darstellt. Auch seine Liebe zu Margot und Lilo bietet ihm eine Nische, doch Veits Kritik am NS-Staat bleibt vorwiegend in der Gedankenwelt. Damit steht er zwischen zwei Gegensätzen: den nationalsozialistisch geprägten Haltungen des Vaters, der Dohms und des opportunistischen Onkels – und dem Brailianer, der den Nationalsozialismus in Denken und Tat ablehnt. Da Veit nicht klar Position bezieht, bleibt er ein „Grauer".

2. Konflikte in Mondsee

Textgrundlage

Unter der Drachenwand, S. 213 („Auch der Onkel") – S. 215 (Ende)

Aufgabenstellung

2.1 Fassen Sie unter Einbezug des Kontexts den Inhalt des Textauszugs zusammen.

2.2 Legen Sie dar, inwiefern inhaltlich und sprachlich Aspekte des Geschehens durch die NS-Ideologie geprägt sind und durch Veit kritisch bewertet werden.

2.3 Erläutern Sie die hier angedeuteten Gegenwelten zu Krieg und NS-Staat, die auch im übrigen Roman zu finden sind.

Lösungsvorschlag

Zu 2.1

Veit, der 23-jährige Soldat aus Wien, der sich zur Erholung von einer Kriegsverletzung 1944 in Mondsee aufhält, und Margot, die mit Kind aus Darmstadt in das ‚angeschlossene' Österreich evakuiert wurde, sind inzwischen ein Paar. Die beiden bewirtschaften die Gärtnerei des verhafteten Brasilianers. Sie werden weder vom Onkel Veits, der ihm den Aufenthalt ermöglicht hat, noch von Teilen der Einwohner akzeptiert, da Veit als Kriegsflüchtling gilt.

In die scheinbar friedliche Szenerie bricht das Unheil ein. Der Ehemann ihrer gemeinsamen Quartierfrau, Dohm, erscheint und erschießt die Hündin des Brasilianers, die bei dessen Verhaftung von den Polizisten schwer verletzt wurde. Veit schildert, wie er den Vorfall beobachten muss und dass er ihn nicht verhindern kann. Er ist schockiert und will Dohm zur Rechenschaft ziehen, macht aber aufgrund von Dohms Autoriät einen Rückzieher. Veit und Margot begraben den Hund, und Veit merkt an, dass er am nächsten Tag zur Nachmusterung nach Wien fahren müsse.

Zu 2.2

- Die Ablehnung der Liebesbeziehung durch den Onkel wird in seiner Wortwahl deutlich: Margot wird anonymisiert, er bedient sich des NS-Terminus „Reichsdeutsche" (213). Die Erholungsphase des verwundeten Veit wird ebenfalls abgewertet: „[...] dass du schon recht lange hier herumsumpfst" (ebd.).

- In Kleidung (schwarze SS-Uniform) und Haltung zeigt sich die Überheblichkeit des NS-Offiziers Dohm. Er offenbart keinerlei Empathie für eine leidende Kreatur – im Gegenteil: Die brutale Erschießung des verletzten Tieres ist für ihn, ganz im Sinne der NS-Ideologie, der Triumph des Starken, Gesunden. Auch Veit gegenüber reagiert er kalt und schroff (vgl. 214 f.), verlangt dessen Wahrung der militärischen Hierarchie und spielt seine Machtposition selbstsicher aus („gelangweilt", 215).

- Veits Distanzierung vom System wird deutlich durch die ironische Benennung der SS als „Orden", die Imagination der Rede Dohms mit dem Tier („vermutlich über Wert und Unwert des Lebens unter den für ihn relevanten Gesichtspunkten", 214) sowie durch zunächst geäußerte Gefühle der Empörung (vgl. ebd.). Er nimmt dann allerdings die ihm von Dohm zugewiesene Rolle des Untergebenen an. Ihm und Margot bleibt als Geste des Mitleids das zärtliche Streicheln und Begraben des toten Tieres, das sie schon zuvor liebevoll gepflegt haben.
- Die Schrägstriche unterstreichen die Aufgewühltheit des schreibenden Veit: als der Onkel die Missbilligung der Beziehung zu Margot erwähnt, als der Gegensatz zwischen bedrohlich wirkender Natur und der Idylle mit Margot aufscheint (vgl. 213 f.), als Veit seine Erregung bei der Erschießung der Hündin schildert. Lakonisch führt er im letzten Absatz an, dass am nächsten Tag seine Nachmusterung anstehe – die Erschießung der Hündin wird zur Antizipation des Tötens an der Front.

Zu 2.3
Veit kontrastiert eine Reihe von Gegenwelten mit der grausamen Tötung der Hündin:
- Die Hündin selbst stellt das Kreatürliche, Lebendige dar, das erst durch die NS geschwächt und getötet wird; von Veit und Margot (und vom Brasilianer) geliebt, ist sie wohl auch im Kontext der anderen, meist Ruhe vermittelnden Tiere und Tiervergleiche zu sehen (z. B. Langhörner, Nilpferde).
- Die Liebe zu Margot bedeutet eine tiefe innere Bindung zu einem Individuum, im Gegensatz zum Aufgehen im Kollektiv. Margots zärtliche Berührung Veits (vgl. 213 f.) korrespondiert mit dem sanften Streicheln der getöteten Hündin (vgl. 215).
- Das Gewächshaus ist als Gegenort zu Krieg und Zerstörung zu sehen; der Brasilianer als Vertreter von Lebensfreude und Liebe zur Natur.
- Das Schreiben bis halb zwei in der Nacht (vgl. 215) ist Veits Versuch der persönlichen Bewältigung von Gräuel und Ohnmacht.

3. Resignation in Darmstadt

Textgrundlage

Unter der Drachenwand, S. 381 oben („Von Bettine kommt") – S. 382 unten („und Onkel Georg")

Aufgabenstellung

3.1 Fassen Sie den Textauszug zusammen, nachdem Sie ihn in den Kontext des Romans eingeordnet haben.

3.2 Analysieren Sie Lore Neffs Darstellung ihrer äußeren wie inneren Situation. Berücksichtigen Sie vor allem ihre sprachliche Ausdrucksweise.

3.3 Vergleichen Sie Frau Neffs Einstellung zum Krieg und seinen Auswirkungen mit Überlebensstrategien anderer Figuren des Romans.

Lösungsvorschlag

Zu 3.1

Der vorliegende Auszug befindet sich gegen Ende des dritten Briefes, den Lore Neff aus Darmstadt an ihre ältere Tochter Margot in Mondsee schreibt. Margot ist dorthin mit ihrer neugeborenen Tochter – bis jetzt Lore Neffs einziges Enkelkind – evakuiert worden. In den beiden Briefen zuvor hatte Frau Neff detailliert über die Situation der Darmstädter Bevölkerung während der massive Zerstörungen anrichtenden und unzählige Todesopfer fordernden Luftangriffe der Alliierten berichtet. Auch der Großteil des dritten und letzten Briefes führt noch einmal die Auswirkungen des Krieges, vor allem auch auf Verwandte und Bekannte der Familie Neff, an.

Im vorliegenden Abschnitt konzentriert Lore Neff sich auf Gedanken an ihre Familienmitglieder: die Töchter und deren unerfüllbare Wünsche, den deprimierten Ehemann an der Front, die Sorge um Gesundheit und Wohlergehen der jüngeren Tochter in Berlin, das Gedenken an getötete Familienmitglieder. Am Ende des Briefes wird sie noch traurig über das bevorstehende Weihnachtsfest schreiben, das sie höchstwahrscheinlich ohne ihre Lieben verbringen muss.

Zu 3.2

Wie in ihren anderen Briefen wird Lore Neffs ganz eigene Art deutlich, mit dem Krieg und mit ihren Gefühlen, vor allem auch ihrer Familie gegenüber, umzugehen.

- Sie ärgert sich über die Wünsche ihrer jüngeren Tochter, die offensichtlich die desolate Versorgungslage in Darmstadt nicht richtig einschätzen kann oder will. Frau Neff hat sofort pragmatische Lösungen parat, die sie – auch das ist charakteristisch – mit einer ironisch-tadelnden Spitze versieht: „Sie glaubt wohl, weil die Adresse Rubensstraße ist, dass eine Trainingshose nicht genügt." (381)

- Es folgt ein auch sprachlich drastischer Ausbruch: „Hol der Teufel den ganzen Schwindel ..." (ebd.), der zwar durch die Ausdrucksweise („Ärger und Verdruss", „Blödheiten von euch allen", ebd.) an der Oberfläche auf Wut und Ärger hindeutet, aber wohl auch auf Verzweiflung und Einsamkeit schließen lässt. Sie wünscht sich, ihr Enkelkind einmal sehen zu können, um Freude zu haben. Gleichwohl kann sie das nur unsentimental ausdrücken („Schaff mal wieder mein Enkelkind heran", ebd.).
- Typisch ist aber auch die Tendenz zu Stimmungsumschwüngen. So drückt Frau Neff später wieder unverhüllt die Sorge um Tochter Bettine aus, die in der Großstadt Berlin – bezeugt durch Aussagen von Familienangehörigen – größeren Gefahren ausgesetzt ist.
- Die äußere Härte und Standhaftigkeit, die wohl zunehmend ihre innere Verlorenheit überspielen soll, kennzeichnet auch den Bericht über die Situation des offensichtlich sehr desillusionierten und resignierten Ehemannes an der Front. Seine Ängste, sie könne ihn zurückweisen, kontert sie wie bei einem Kind, das zum guten Betragen ermahnt wird: „[...] wenn er nicht flucht, kann er jederzeit kommen und dableiben." (Ebd.) Das ist vielleicht die Neffsche Art, ihre Liebe auszudrücken.
- Die wütenden Urteile des Ehemanns über die NS-Oberen, die es sich gut gehen lassen, während die einfachen Soldaten im Kriegswinter leiden, übernimmt Lore Neff unzensiert, ebenso seine abwertende Äußerung über die „Russenweiber" (382). Der kleine Nachtrag („[...] du weißt ja, wie Papa ist, wenn er sich aufregt", ebd.) relativiert die Aussagen kaum und deutet auf die Distanz der beiden vom politischen System hin.
- Diese kritische Haltung wird noch deutlicher, als Lore Neff den Zynismus des Systems bloßstellt, der in der Zuteilung einer geringen Menge Bohnenkaffee für die beim großen Angriff auf Darmstadt Umgekommenen liegt: „Fünfzig Gramm Bohnenkaffee, damit alle, die noch leben, in ihrem Eifer nicht erlahmen." (Ebd.) Stellt sie hier dem Zynismus des politischen Systems ihren eigenen gegenüber, so fasst der Satz am Ende in seiner fast kindlichen Einfachheit die Tragik der äußeren wie inneren Situation der Frau zusammen: „Ich hätte lieber das Glockenspiel zurück und Helen und Helga und Tante Emma und Onkel Georg." (Ebd.)

Zu 3.3
Ähnlich wie bei den meisten anderen Figuren im Roman geht es Frau Neff in dieser vermeintlich letzten Phase des Krieges darum, zu überleben und ihre an den verschiedenen Orten mehr oder weniger gefährdeten Familienmitglieder lebend und möglichst gesund wiederzusehen. Der Krieg wird wie ein fern-

gesteuertes Phänomen – ähnlich wie eine unvermeidbare Naturgewalt – hingenommen. So vergleichen z. B. die Bauern in Mondsee den Krieg mit dem Unwetter, das ihr Getreide niedergedrückt hat. Die zerstörerischen Auswirkungen, sogar wenn sie die Person selbst oder ihr nahestehende Menschen betreffen, werden im Großen und Ganzen nüchtern registriert oder verdrängt. Ständige Gefährdung wird zur Routine.

Die Entstehung des Krieges und die dafür politisch Verantwortlichen sind in weite Ferne gerückt. Auch ist keinerlei Begeisterung oder auch nur eine Überzeugung im Hinblick auf das politische System mehr zu erkennen. Veits Onkel Johann beispielsweise, der als Postenkommandant Funktionär im NS-System ist, verkörpert zu keinem Zeitpunkt den politisch überzeugten aktiven Parteigänger, sondern klagt (wenn auch nur im privaten Gespräch mit seinem Neffen) immer wieder über die Unzulänglichkeiten der Situation und mangelnde Versorgung durch die Regierenden. Auch in Lore Neffs privaten Aufzeichnungen finden sich zunehmend Hinweise nicht nur auf die Kriegsmüdigkeit, sondern auf eine kritische Distanz zum NS-System. Möglich scheint, dass die Personen – und hier ähnelt Lore Neff Veit in dessen Entwicklung – aus dieser Desillusionierung Kraft für den Wunsch zu überleben ziehen.

4. Verzweiflung in Budapest

Textgrundlage

Unter der Drachenwand, S. 402 („Das Haus in der Bajza utca") – S. 404 („Gott befohlen!")

Aufgabenstellung

4.1 Fassen Sie den Auszug aus der letzten Aufzeichnung Oskars zusammen und ordnen Sie ihn in den Kontext des Romans ein.

4.2 Analysieren Sie Oskars Beschreibung seiner augenblicklichen Situation, insbesondere unter Berücksichtigung sprachlicher Aspekte.

4.3 Legen Sie dar, ob bzw. inwiefern Oskars Ausdrucksweise Elemente der Schreibweisen weiterer Personen des Romans aufweist.

Lösungsvorschlag

Zu 4.1

Im vorliegenden Ausschnitt beschreibt Oskar Meyer seine derzeitige Wohn- und Lebenssituation in Budapest. Oskar gehört zu den vier Schreibenden des Romans. Seine Aufzeichnungen sind zuvor in Briefform an seine Cousine Jeannette in Südafrika verfasst. Sie unterscheiden sich von den Aufzeichnungen der anderen insoweit, als der Jude Oskar seine Verfolgung und die seiner Familie (Ehefrau Wally und zwei Söhne) seit 1938 schildert. So wird den Schicksalen der Juden mehr Umfang in der erzählten Zeit gewidmet.

Oskars letzte Aufzeichnung ist eine Art Tagebuch ohne Adressaten. Er befindet sich auf einer der letzten Stationen seiner Flucht, die ihn aus Wien geführt hat. Bereits in Wien war seine Familie in einem Judenhaus untergebracht, sie musste viele Schikanen erleiden. Inzwischen hat Oskar seine Frau und ein Kind in Budapest verloren, sie sind verschwunden. Ungarn kann ihm unter einem Regime, das sich dem nationalsozialistischen anpasste, keine Rettung bieten. Jetzt ist er wiederum in einem Judenhaus untergebracht und schildert detailliert die Beschädigungen des Gebäudes, seinen winzigen Schlafplatz, den Mangel an Nötigem wie Strom und Wasser. Er beklagt die übervolle Belegung seines Zimmers und beschreibt das dadurch erschwerte Verhältnis von allgemeiner Kommunikation und individuellem Rückzug. Für diesen benutzt er eine kleine Möglichkeit im Garten, dort kann er – trotz der Verhärtung und Verbitterung, die er kurz zuvor an sich selbst beobachtet hat – Ruhe finden.

Als sich die Situation im Judenhaus und in der ganzen Stadt für ihn zunehmend verschlechtert, schließt er sich einem Sammeltransport als „Schanzer-Jude" an. Aus der Nähe von Hainburg stammt sein letzter Eintrag.

Zu 4.2

- Oskar kommentiert die Lage des Judenhauses in der Nähe des bombenge-fährdeten Bahnhofs sarkastisch: „[…] das haben sie sich ausgedacht […]. Wenn schon Bomben, sollen sie auf Menschen wie mich fallen." (402) An dieser Stelle deutet der Schrägstrich auf die Gefühlsaufwallung Oskars und ein damit vielleicht verbundenes Innehalten im Schreiben.
- Ein nüchterner Stil kennzeichnet zunächst seine Beschreibung der Schä-den des Hauses, z. B. Fehlen einer Stiege im dritten Stock, undichte Fenster, es regnet herein, dadurch entsteht Schimmel im Zimmer. Diese Aufzäh-lung schließt er mit einem knappen sarkastischen Hauptsatz ab: „Hier ver-bringe ich meine schlechten Tage." (Ebd.)
- Eine zweimalige Inversion unterstreicht die Wichtigkeit eines Bettlagers und einer eigenen Decke (vgl. ebd.).
- Mit der kompletten Namensnennung einiger Hausgenossen, so auch die „Leiche von Frau Horvath" (403), setzt er ein Zeichen der Humanität gegen die Anonymisierung und Kollektivierung durch den Nationalsozialismus.
- Der abgemagerte Zimmerkollege liegt totenähnlich am Boden („die Hände über den Kopf gekreuzt", 402); auch der Schimmel als ein Zeichen für Schadhaftigkeit und gesundheitliche Gefährdungen wird genau beschrie-ben.
- Die eindrückliche Formulierung „steht eine Stille wie gestockt" (403), so-wohl Alliteration als auch Vergleich, unterstreicht die Angst in Bezug auf Krieg und Verfolgung. Dies kontrastiert vor allem zur vorhergehenden Be-merkung: „Dann verderben wir uns mit Gesprächen über Politik gegensei-tig die Laune." (Ebd.) Die in vorliegendem Zusammenhang sehr saloppe Formulierung (‚die Laune verderben') schwächt die emotionale Wirkung der existenziellen Themen ab.
- Auch die Selbstbeobachtung der zunehmenden eigenen Verhärtung wertet Oskar lakonisch und zynisch ab: „[…] was soll's, ich selber kann jederzeit der nächste sein." (Ebd.)
- Der Rückzugsort im Garten wird in seiner Winzigkeit bis hin zu einer Maß-angabe („ein halber Meter", ebd.) genau beschrieben. Nur hier findet Oskar zu sich, raucht, denkt an Wally, allerdings „verschwommen und schläfrig" (404), was vielleicht schon auf einen inneren Abstand zu seinem früheren Leben verweist.
- Der letzte Absatz beginnt mit einer erneuten Zusammenfassung in einem sehr knappen Hauptsatz. Oskar vergleicht dann seine Perspektive auf die eigene Welt mit dem Blick auf einen Knopf, „der auf der Handfläche liegt" (ebd.). Hier zeigt sich eindeutig die emotionale Distanz zu seiner gegenwär-tigen Erlebniswelt im Budapester Judenhaus. Seine Stimmung schwankt zwischen der inneren Verleugnung seiner gefährdeten Existenz und der fatalistischen Einsicht „Gott befohlen!" (ebd.), mit der Oskar endet.

Zu 4.3

Folgende Elemente lassen Oskars Ausdrucksweise ähnlich derer der anderen Schreibenden erscheinen:

- Bei allen Erzählstimmen sind Lakonie und sarkastische Ausdrucksweisen zu finden, ebenso die Kontrastierung von scheinbar Harmlosem, Banalem, Umgangssprachlichem mit der Darstellung von Entsetzlichem. Traditionelle Sprachmuster (wie etwa „Gott befohlen!") scheinen dabei sowohl eine Zuflucht als auch eine Stütze zu bieten.
- Die Schilderung subjektiven Zeiterlebens („scheint die Zeit stillzustehen", 403) ist auch bei Veit immer wieder Thema.

5. Zwei Briefe

Textgrundlagen

Unter der Drachenwand, S. 236 (Anfang) – S. 236 unten („stehengeblieben")

Ralf Rothmann, *Im Frühling sterben*, Berlin: Suhrkamp Taschenbuch Verlag, 2016, S. 86 f.

Der 2015 erschienene Roman „Im Frühling sterben" erzählt vom letzten Kriegsfrühling in Ungarn. Walter, zuvor ein Melker in der Nähe von Hamburg, wird im Februar 1945 zwangsrekrutiert und kommt nach einer dreiwöchigen Grundausbildung zur Waffen-SS. Er ist Fahrer einer Versorgungseinheit, die der deutschen Truppe vor Budapest zugeführt werden soll.

„Liebe Liesel, ich hoffe, du hast meine letzten Briefe bekommen. Ich warte schon eine Weile auf Deine Post, und falls Du mir nach Hamburg-Langenhorst geschrieben hast, werde ich wohl noch länger warten müssen. Wir sind jetzt im Feld, in Ungarn, den Ort darf ich Dir nicht schreiben. Aber ich muß nicht in die vorderste Linie. Ich fahre zurzeit einen Henschel und versorge die Soldaten. Der Wein hier ist gut und billig, 40 Pfennig der Liter, und alle saufen den ganzen Tag, auch die Fahrer. In der Puszta sieht es wie bei uns aus, hauptsächlich flach, doch es gibt auch Berge, und man erlebt Sachen, die man nicht erzählen möchte. So ist der Krieg. Die Bevölkerung steht hinter uns, viele sprechen deutsch. Sie haben sogar eine Hitlerjugend und einen BDM, und wenn du die Mädels fragst, was das heißt, sagen sie ‚Bubi, drück mich'. Aber keine Angst, ich bleibe Dir treu. Du bleibst mir ja auch treu. Du kannst Dir das Stück Lavendelseife aus meiner Kammer holen, bevor es austrocknet, Thamling hat bestimmt nichts dagegen. Sie haben hier schöne Blusen, bunt bestickt, schreib mir Deine Größe. Meine Feldpostnummer ist jetzt 47704.
Rauch nicht so viel, es macht die Zähne grau. Und wieder einmal: Eins, zwei, drei. Du weißt ja, was das bedeutet."

Anmerkungen zum Text:

Henschel: LKW der Fa. Henschel, einem in der NS-Zeit bedeutenden Rüstungsunternehmen

Puszta: steppenartige Landschaft in Ungarn

Thamling: Verwalter des Guts, auf dem Walter als Melker arbeitete

Eins, zwei, drei: Anspielung auf gemeinsames erotisches Erleben des Paares

Aufgabenstellung

1.1 Analysieren Sie den Auszug aus Kurts zweitem Brief an Nanni.

1.2 Vergleichen Sie diesen mit dem Brief, den der 17-jährige Walter an seine 16-jährige Freundin Liesel schreibt. Gehen Sie auf die innere und äußere Situation der Schreibenden sowie auf sprachliche Aspekte ein.

1.3 Legen Sie vor dem Hintergrund dieses Vergleichs dar, welche Funktion die in die beiden Romane eingefügten Briefe haben.

Lösungsvorschlag

Zu 5.1

Zum Kontext: Kurt hat vom Verschwinden Nannis aus dem Lager erfahren; er selbst ist nun im Kriegseinsatz als Horcher in Wien.

Zum Inhalt: Zentrale Themen sind die Sehnsucht nach Nanni und Sorge bezüglich ihres Verschwindens, die Zerstörungen in Wien und damit seines Umfelds, seine Orientierungslosigkeit.

Die Sehnsucht Kurts nach Nanni zeigt sich in der Metapher des guten Engels, in der Anrede, im direkten Ausdruck („Du fehlst mir sehr", 236), im flehentlichen Bitten, ihn nicht zu vergessen, wenn er tot ist (wobei das Wort „deinen" unterstrichen ist). Er erinnert sich ständig an das abendliche Ritual des Klopfens (das Verb wird dreimal wiederholt) in Erinnerung an das Wand-an-Wand-Liegen mit seiner Cousine in früheren Zeiten. Die Tätigkeit des Horchens sowohl abends als auch im Einsatz – dieselbe Tätigkeit auf völlig unterschiedlichen Ebenen (Liebesschmerz und Krieg) – kann Kurt kaum noch aushalten, zumal der Einsatz am Tag oft wenig fordernd ist. Die Leere füllt er mit Tagträumen und Wünschen in Bezug auf Nanni. Er vermisst ihre Reaktionen auf sein Klopfen, er ist einsam.

Darüber hinaus führt ihn seine gesamte Situation in die Verzweiflung. Die äußere Welt ist zerstört: Staub, Brände, Asche „haben die Sonne verdunkelt" (ebd.). Die Sicht ist getrübt, sein altes Leben und die „schöne Welt" brechen zusammen. In dem einfach formulierten Gegensatz von „schön" und „kaputt" sowie in dem fatalistischen, resignativen Ausruf „Muss eh!" blitzt eine unausgesprochene Angst vor dem eigenen Tod auf.

Der Briefauszug endet damit, dass Kurt in einer hilflos klingenden Formulierung seine Ratlosigkeit ausdrückt. Er schreibt: „Das ganze Leben bei mir ist stehengeblieben." (Ebd.) Es besteht offenbar insgesamt Stillstand, keine Weiterentwicklung ist möglich, es gibt zwar Träume, aber keine realistisch planbare Zukunft. Kurt sieht sich passiv, nicht als Gestalter seiner Lebenszeit, vielmehr begreift er die Zeit bzw. das Leben als etwas, das außerhalb von ihm steht („[d]as ganze Leben bei mir", ebd.); er sieht sich als Objekt.

Zu 5.2

Im Falle des zweiten Romanauszugs handelt es sich um den Brief eines jungen Soldaten, der bereits in Ungarn im Einsatz ist, an seine Freundin. Es gibt eine Reihe von Gemeinsamkeiten, vor allem in Bezug auf die jeweilige Freundin: die Sehnsucht, eine Unsicherheit im Hinblick auf das Zustandekommen der Kommunikation, also den Postweg, das Thema der Treue, der Wunsch nach Liebesbeweisen (einerseits das Klopfen, andererseits der angebotene Kauf einer Bluse), die Erinnerung an gemeinsames Erleben. Eine übergeordnete Thematik ist Liebe und Sexualität im Krieg, insbesondere im Falle sehr junger Menschen.

Es gibt aber auch Unterschiede im Hinblick auf die äußere Situation und die Einstellung zum Krieg. Im Gegensatz zu Kurts Resignation, Kritik und Verzweiflung, die er Nanni gegenüber offen äußert, zeigt Walter Akzeptanz bei der Beschreibung seiner eigenen Position im Krieg. Er beschwichtigt allerdings gegenüber Liesel das Grauen, das er offensichtlich schon erlebt hat. Die Versorgung wird von ihm als gut dargestellt, der Alltag kann zudem durch die Droge Wein betäubt werden. In der Liebesbeziehung zu Liesel stellt er Intimität durch den Code „Eins, zwei, drei" her, die Sehnsucht hat also deutlich eine körperliche Komponente. Walter lässt kein Gefühl von Entwurzelung erkennen („In der Puszta sieht es wie bei uns aus"), auch keine Distanz zum NS-System und seiner Terminologie („BDM"), die hier lediglich durch den humorvollen Gebrauch eine kleine Relativierung erfährt und gleichzeitig mögliches sexuelles Verlangen einbezieht.

Gegensätze finden sich auch in sprachlicher Hinsicht: Der eher expressiven Sprache Kurts steht Walters einfache Sprache gegenüber: Es finden sich durchgehend Hauptsätze und übersichtliche Satzgefüge.

Insgesamt ist Kurts Brief mehr eine Darlegung seiner Gefühle, des Abstands vom Krieg bis hin zu einer Todesahnung. In Walters Brief zeigt sich mehr Einverständnis mit der Kriegssituation, möglicherweise sogar ein wenig Stolz (er fährt einen Henschel, versorgt die Soldaten). Gleichwohl will auch er die Freundin schonen. Vielleicht lässt sein Satz „man erlebt Sachen, die man nicht erzählen möchte" sogar auf eine Art Selbstschutz, Verdrängung, Abspaltung des Schrecklichen schließen.

Zu 5.3

Beide Briefauszüge zeigen Sichtweisen junger, zwangsrekrutierter deutscher Soldaten gegen Ende des Zweiten Weltkriegs. In der Briefform wird unmittelbare Authentizität der Stimmung der Schreibenden erzeugt, die aufgrund des Fehlens der Vermittlung durch einen Erzähler eine direkte Wirkung beim Leser zu erzielen vermag. Es teilen sich aber nicht nur die Gefühle und Stimmungen der Schreibenden mit, sondern auch ihre Einsamkeit, da der Austausch per Brief in Kriegszeiten ungewiss bleiben muss. Ein Dialog ist so nicht möglich.

6. Jugend ohne Zukunft?

Textgrundlage

Heinz Rein, *Finale Berlin*, Berlin: Ullstein Taschenbuch Verlag, 2017, S. 653 f.

Der erstmalig 1947 veröffentlichte Roman „Finale Berlin" erzählt von den letzten Kriegstagen 1945 im umkämpften, zum größten Teil zerstörten Berlin. Im vorliegenden Auszug unterhält sich der 22-jährige Soldat und ehemalige Musikstudent Lassehn mit dem gleichaltrigen Soldaten Hellwig, der eigentlich Zahntechniker werden wollte, aber nach Schule und Arbeitsjahr zur Wehrmacht musste.

„Wie stellst du dir denn dein zukünftiges Leben vor?" fragt Lassehn.

„Gar nicht", erwidert der junge Soldat Hellwig, „ich stell' mir überhaupt nichts vor, ich
lass' mich einfach treiben, wie ein Stück Holz im Wasser. Vielleicht werde ich irgendwo
angeschwemmt, dann ist es gut, vielleicht aber führt mich der Strom ins Meer, und ich
schwimme mein Lebtag umher, ist auch gut, vielleicht aber erwischt mich vorher noch
'ne Kugel, ist mir auch recht. Mir ist überhaupt alles recht. Wer diesen Krieg überlebt,
hat es sich selbst zuzuschreiben, sagte einmal ein alter Landser zu mir. Genauso ist es."
[…]

„Ich hab' einfach Angst."

„Angst?" fragt Lassehn erstaunt.

„Ja, Angst vor dem sogenannten zivilen Leben, Angst, diesem Leben, das uns bevorsteht,
Angst, diesem Leben nicht gewachsen zu sein. Ich und du und wahrscheinlich wir alle,
wir haben gedacht, einen sicheren Boden unter den Füßen zu haben, daß wir Sicherheit und Vertrauen aus der Zukunft saugen können, so gewissermaßen als Vorschuß,
und jetzt stellt sich heraus, daß unsere Stützen weggebrochen sind wie Streichhölzer.
Wo wir hingreifen, fassen wir ins Nichts, wo wir hindenken, fallen unsere Gedanken ins
Leere."

Anmerkung zum Text:
Landser: einfacher Soldat

Aufgabenstellung

6.1 Analysieren Sie die Aussagen des jungen Hellwig in inhaltlicher wie for-
maler Hinsicht.

6.2 Stellen Sie Bezüge her zu den Figuren Veit und Kurt im Roman *Unter der
Drachenwand*.

Lösungsvorschlag

Zu 6.1

Die Aussagen Hellwigs spiegeln die Resignation und fehlende Zukunftsperspektive eines jungen Mannes, dem durch den jahrelangen Kriegsdienst die gewünschte Ausbildung und dadurch auch ein wichtiger Teil seiner Lebensplanung verwehrt wurden. Er wirkt nicht nur desillusioniert, sondern auch passiv und lethargisch, nicht (mehr) bereit, sich überhaupt seine Zukunft vorzustellen; selbst die Aussicht auf seinen möglichen Tod akzeptiert er. Er überlässt sich dem Schicksal, was er bildhaft durch den Vergleich mit einem Stück Holz im Wasser verdeutlicht, welches ohne eigenes Zutun umhergetrieben wird. Schließlich gibt er zu, dass er Angst vor der Zukunft und dem „sogenannten zivilen Leben" hat. Mit dem Attribut „sogenannt" verdeutlicht er, dass das Leben nach dem Kriegseinsatz für ihn nichts mehr von dem bereithält, was mit dem Wort „zivil" vielleicht verbunden war: Sicherheit, Zielgerichtetheit des Lebens, auch Dankbarkeit der Gesellschaft für das im Krieg Geleistete und Unterstützung für die Zukunft. Das Bild der wie Streichhölzer weggebrochenen Stützen im Leben und die Begriffe „Nichts" und „Leere" spiegeln erneut seine existenzielle Hoffnungslosigkeit wider.

Zu 6.2

Bezüge, die näher ausgeführt werden könnten:

- Vergleichbarkeit der inneren Befindlichkeit: Die jungen Soldaten haben einen Großteil ihrer Jugend durch den Kriegsdienst verloren; ihre Zukunft nach dem näher rückenden Ende des Krieges scheint ungewiss. Aber auch der Tod im Kampfeinsatz ist immer noch möglich.
- Hellwig – Veit: Veit ist zwar zu Beginn des Romans in einer ähnlichen Verfassung und depressiven Stimmung wie Hellwig, macht aber durch die Bekanntschaft mit dem Brasilianer und vor allem die Liebe zu Margot gegen Ende des Krieges eine Wandlung durch. Er schöpft trotz seines erneuten Kriegseinsatzes sowohl neuen Lebensmut als auch die Kraft, seine Pläne weiter zu verfolgen (und zu verwirklichen).
- Hellwig – Kurt: Der etwas jüngere Kurt wirkt zu Beginn noch jugendlich-unbeschwert, vor allem durch seine Liebe zu Nanni. Infolge ihres Tods und seiner ersten direkten Kriegserfahrungen verliert er ähnlich wie Hellwig die Hoffnung auf ein glückliches, erfülltes Leben. Am Ende kann er sich eine unbelastete Zukunft gar nicht mehr vorstellen und ergibt sich fatalistisch in seine Situation, was auch seinen möglichen Tod nicht ausschließt.

Rezensionen und Interviews

Bartels, Gerrit: Mit den Augen der Toten. In: Der Tagesspiegel. 8. Januar 2018. https://www.tagesspiegel.de/kultur/unter-der-drachenwand-von-arno-geiger-mit-den-augen-der-toten/20825358.html (zuletzt aufgerufen am 9. Mai 2020).

Bereuter, Zita: „Der Liebesroman ist der wahre Antikriegsroman." https://fm4.orf.at/stories/2888188/ (zuletzt aufgerufen am 29. Juni 2020).

Fessmann, Meike: In der Schutzblase. In: Süddeutsche Zeitung. 10. Januar 2018. https://www.sueddeutsche.de/kultur/arno-geiger-drachenwand-buchkritik-1.3817997 (zuletzt aufgerufen am 29. Juni 2020).

Gerk, Andrea im Gespräch mit Arno Geiger: „Jede Figur hat das Recht auf Atem und Pulsschlag." In: Deutschlandfunk Kultur. 5. Januar 2018. https://www.deutschlandfunkkultur.de/arno-geiger-ueber-seinen-roman-unter-der-drachenwand-jede.1270.de.html?dram:article_id=407604 (zuletzt aufgerufen am 29. Juni 2020).

Jacobsen, Dietmar: Ein leerer Raum, in dem das Leben verschwindet. https://literaturkritik.de/geiger-unter-der-drachenwand-ein-leerer-raum-in-dem-das-leben-verschwindet,24320.html (zuletzt aufgerufen am 29. Juni 2020).

Knipphals, Dirk: Wie allein kann man sein? In: taz. 16. März 2018. https://taz.de/Arno-Geigers-Unter-der-Drachenwand/!5490099/ (zuletzt aufgerufen am 29. Juni 2018).

Paterno, Wolfgang: Epochaler Weltkriegsroman: Arno Geigers *Unter der Drachenwand*. In: profil. 10. Januar 2018. https://www.profil.at/kultur/arno-geiger-unter-drachenwand-8615616 (zuletzt aufgerufen am 29. Juni 2020).

Pisa, Peter: Arno Geiger: Blick aus dem Teufelsloch. In: Kurier. 7. Januar 2018. https://kurier.at/kultur/arno-geiger-blick-aus-dem-teufelsloch/305.419.008 (zuletzt aufgerufen am 29. Juni 2020).

Platthaus, Andreas: Keine Hoffnung ohne Horror. In: Frankfurter Allgemeine Zeitung. 12. Januar 2018. https://www.faz.net/aktuell/feuilleton/buecher/rezensionen/belletristik/arno-geigers-meisterlicher-roman-unter-der-drachenwand-15381048.html (zuletzt aufgerufen am 9. Mai 2020).

Radisch, Iris: „Unter der Drachenwand": Stimmen des Krieges. In: Die Zeit. 11. Januar 2018. https://www.zeit.de/2018/03/unter-der-drachenwand-arno-geiger (zuletzt aufgerufen am 19. Mai 2020).

von Sternburg, Judith: So muss sich das damals angefühlt haben. In: Frankfurter Rundschau. 8. Januar 2018. https://www.fr.de/kultur/literatur/muss-sich-damals-angefuehlt-haben-11038671.html (zuletzt aufgerufen am 9. Mai 2020).

Tsitiridou, Olga: „Der Mensch lebt auch heute unter der Drachenwand." Exklusivinterview mit Arno Geiger. In: Material für Lesekreise. dtv Verlagsgesellschaft, 2019. S. 2–7. https://www.dtv.de/_files_media/downloads/lesekreis-material-drachenwand-1235.pdf (zuletzt aufgerufen am 9. Mai 2020).

Voigt, Claudia: Roman des Jahres: *Unter der Drachenwand* von Arno Geiger. In: Der Spiegel. 24. November 2018. https://www.spiegel.de/spiegel/literaturspiegel/d-160946151.html (zuletzt aufgerufen am 19. Mai 2020).

Zeyringer, Klaus: Arno Geiger: Die Notwendigkeit, sich zu erinnern. In: Der Standard. 7. Januar 2018. https://www.derstandard.de/story/2000071475923/arno-geiger-die-notwendigkeit-sich-zu-erinnern (zuletzt aufgerufen am 29. Juni 2020).

Stichwortverzeichnis